AF236516

Janina Breidt

Herz

L'abyrinth

Jugendroman

Impressum

Bibliografische Information der Deutschen Nationalbibliothek:
Die Deutsche Nationalbibliothek verzeichnet diese Publikation in
der Deutschen Nationalbibliografie; detaillierte bibliografische
Daten sind im Internet über http://dnb.dnb.de abrufbar.

Korrektorat: Tamara Leonhard
Cover: blackmaxdesign.de
Illustration: Fairyillustrations (Porträtzeichnungen)
Kapitel Grafik: Janina Breidt

Herstellung und Verlag: BoD – Books on Demand, Norderstedt

ISBN: 978-3-7526-0498-6

Malina

Prolog

Es ist wie mit dem Leben.

Es ist eine Achterbahnfahrt und niemand fragt dich, ob du aussteigen möchtest. Denn dann hätte ich ihnen gesagt, dass ich es gerne möchte.

Es ist wie der Herbst.

Auf den Verfall folgt irgendwann etwas Neues, doch wie soll man es sehen, wenn in dem jetzigen Augenblick alles trist und dunkel erscheint?

Es ist wie mit dem Nebel.

Es ist vieles verschleiert und niemand sagt dir, wie du den Weg in dem weißen Dunst finden sollst. Denn dann hätte ich ihnen gesagt, er wusste den Weg. Er hat ihn immer gewusst. Das erkenne ich jetzt. Viel zu spät. Denn in diesem Augenblick irre ich umher, in der Achterbahn des Lebens, jagend durch den verfallen Herbst auf der Suche nach ihm.

Das Einzige, das ich finde, sind Erinnerungen. Erinnerungen, die sich perlend auf mein Haupt legen und deren Last mich zu Boden drückt.

Wenn die Sonne des Lebens untergeht, dann leuchten die Sterne der Erinnerung. Doch ich möchte keine Sterne, ich möchte die Sonne.

Die Sonne, die ich in der Dunkelheit nicht fand, und die nur für mich dort schien. Ich werde ihn finden.

Egal wie lange meine Suche dauern wird.

Das, was hier unter dem durchnässten Boden verborgen liegt, das ist nicht er.

Die Tränen, die schmerzend meine Wangen hinunterlaufen, weine ich nicht für ihn. Denn in Wirklichkeit ist er noch da.

Er hat mich nicht verlassen. Ohne mir Lebewohl zu sagen. Denn so würde er sich nicht aus meinem Leben stehlen.

Er ist noch da draußen, das weiß ich. Aber nicht hier, unter dem nassen Boden. Die Tränen sind nicht für ihn.

Es ist wie mit dem Wasser.

Es ist alles im Fluss und niemand fragt dich, ob du mittreiben willst, denn dann hätte er gesagt, dass er nicht möchte.

Er noch zu leicht wäre, weil das Leben ihn erst erfasste und er noch Zeit brauchte.

Doch das Wasser bahnt sich seinen Weg durch alle Hindernisse, die ihm in den Weg gestellt werden. Das Wasser fragte nicht, es nahm ihn einfach mit.

Ich jedoch werde es finden, das mystische Band, welches seine und meine Welt trennt.

Und wenn ich ihn hier auf Erden nicht finden mag, sodann auf einer anderen.

Dann wird es keine Trauer mehr geben, denn dann sind wir wieder vereint.

Wissen Sie, wie
schmerzlich es in der Seele ist, wenn
jemandem aus heiterem Himmel ein
großes Stück davon genommen wird?

Es trifft dich, wie ein Blitzschlag, der aus dem
Himmel auf dich hinabschlägt.

Du siehst ihn langsam auf dich zukommen, du
spürst die kühle, feuchte Luft, die er verströmt.
Und bist dir doch nicht bewusst, dass er
irgendwann eintreffen wird. Weil er für dein
bloßes Auge nicht wirklich sichtbar ist. Du weißt
um seine Gefahr, doch ernst nimmst du sie nicht.
Denn wenn du ihn aus der Ferne betrachtest, ist
dein erster Gedanke, er würde noch eine gewisse
Zeit brauchen, bis der dich erreicht. Genau darin
liegt der größte Fehler, den ich gemacht habe.

Ich habe die Gefahr kommen sehen, und war mir doch nicht bewusst, wie schnell sie einschlagen würde.

Denn Jaden, mein bester Jaden, er hat mich einfach verlassen. Ich weiß nicht, wohin er gegangen ist. Er ist plötzlich nicht mehr da.

Es ist wie mit den Blitzen. Sie verschwinden, so schnell sie auch kommen. Kurz, heftig und manchmal schmerzvoll. Sehr schmerzvoll.

Alle machen sich Gedanken um mich. Aber eigentlich brauchen sie es nicht.

Nur weil ich momentan nicht darüber rede?

Oder ich meine Gedanken für mich behalte?

So wie man ein schweigendes Buch, welches verstaubt auf einem Tisch liegt, wegräumen möchte. Wie man es immer wieder betrachtet und es gerne in die Hände nehmen will, man aber das Gefühl hat, es würde zu feinem Staub in sich zusammenfallen. Doch ich bin nicht aus Staub, so wie Sie es vermuten. Ich bin stark, so wie er es mich gelehrt hat. Mein Jaden.

Auch wenn es jetzt für den Augenblick nicht so auf die Anderen wirkt. Wer die Anderen sind?

Meine Mum, die sich über mein Verhalten nicht sonderlich freut. Doch ich kann einfach nichts ausdrücken. Ich kann nicht so einfach zur normalen Tagesordnung übergehen. Zumindest für einen Teil. Dann frage ich mich die ganze Zeit, wo er hingegangen ist. Und warum?

Obwohl ich die Antwort weiß, kreisen diese Gedanken oft in meinem Kopf. Warum hat er mich nicht mitgenommen? Es hätte bestimmt eine Möglichkeit gegeben, egal wie schmerzvoll es gewesen wäre.

Ich hätte mich besser auf die Situation vorbereiten können. So zumindest meine Überlegung. Doch egal wie gut ich mich hätte vorbereiten können, es hätte mich letztlich doch wie ein Blitz getroffen.

Vielleicht trifft er mich und ich werde es endlich verstehen.

Ich sitze hier. Mit den wohl letzten Dingen, die mich an ihn erinnern werden.

Erinnerungen sind die Sterne der Vergangenheit und ich halte sie schützend in meinen Händen.

Jaden?

Jaden war einfach mein Jaden. Da pocht es wieder, mein Herz, von dem ich nun oft denke, er hat auch dieses mitgenommen. Denn ich weiß nicht genau, in welchem Augenblick es in diese tausend kleinen Scherben gesplittert ist, welche nach meinem Gefühl momentan durch meinen gesamten Körper wandern.

Sie kratzen mit einer leichten Tiefe von innen und ich habe das Empfinden, sie möchten an die Oberfläche treten.

Sie brennen und stechen tief in meine Haut. Ich habe den Eindruck, wenn ich genau hinsehe, erkenne ich diese Splitter. Ich sehe, wie sie sich dunkel unter meiner Haut abzeichnen. Doch ich blende es aus und ertrage den Schmerz.

Denn es ist der Schmerz wegen ihm. Ich habe sonst das Gefühl, er hätte in meinem Leben gar nicht existiert.

Sie sagen mir hier oft, ich würde zu viel darüber nachdenken.

Doch ich fürchte, wenn ich aufhöre, darüber nachzudenken, dann verschwindet er aus meinen Gedanken. Manchmal habe ich das Gefühl, ich weiß schon nicht mehr genau, wie er aussieht. Mein lieber Jaden.

Es ist, wie in diesem Augenblick, besonders schlimm, wenn getane Dinge mich wieder an ihn erinnern. Er ist dann so präsent, dass ich mich hier in meinem Stubenzimmer hastig nach ihm umdrehen möchte, um ihn in die Arme zu schließen. Weil ich wieder seinen Duft in der Nase wahrnehme. Oder ich seine Hand auf meiner Hüfte spüre. Genau so, wie als wir zusammen auf einem Konzert waren.

Seine Hände, die mich beschützen wollten. Die mich stützen wollten.

Und ich jetzt das Gefühl habe, ich falle tief. Ich denke, ich werde nie wieder auf ein Konzert gehen können. Wer soll mich dort schützen?

Vor den anderen rempelnden Menschen, die keine Rücksicht auf nichts nehmen. Wer bringt mich dann zum Lachen?

Wenn ein Tollpatsch mir versehentlich sein Bier überkippt und er es lustig findet und ich durch sein Lachen von meiner bevorstehenden Aggression abgelenkt werde. Er mich dann ganz liebevoll in die Arme nimmt und mich »sein kleiner Vulkan« nennt.

Seinen Platz wird niemand ersetzen können. Auch wenn ich merke, es versuchen bereits einige. Doch sie sind nicht er.

Es wird niemand so sein wie er. Denn damit bewirken sie genau das Gegenteil von dem, was sie möchten; in meiner Nähe zu sein. Deshalb sitze ich oft allein in meinem kleinen Raum. Mit den wenigen Dingen in meinen Händen, die ich noch von ihm besitze.

Ich habe sie alle hier in einer kleinen Schachtel.

Sie fragen mich oft, was es ist, und ob es von großer Bedeutung für mich ist. Daran merke ich, sie verstehen uns nicht. Sie werden unsere Verbundenheit nie verstehen.

Denn Jaden, mein lieber Jaden, hatte genau solch eine Box von mir. Mit kleinen Dingen, die uns einander wichtig sind.

Deshalb sitze ich hier auf meinem Bett, schaue gezielt auf die strahlend weiße Wand, spüre die kalte metallene Box auf meinem Schoß und meinen Händen.

Wenn ich sie öffne, dann werden die Sterne der Erinnerung wieder wach und die Scherben setzen sich wieder in Bewegung.

Also halte ich sie nur schützend in Händen und hoffe, er kommt doch noch einmal zurück. Dann bräuchte ich vielleicht diese Box nicht mehr und könnte ihn wieder in meine Arme schließen.

Ich würde mein Herz wieder spüren und die Scherben, ja die würden wieder verschmelzen und in die Tiefe gelangen, aus der sie hervorgetreten sind. Doch es ist alles verschleiert und ich finde den Weg nicht heraus. Also blicke ich weiter zu dieser Wand und frage mich, wo er ist.

Jaden, kannst du bitte wieder zurückkommen?

Denken Sie, er hat es gehört?
Ich hoffe es so.

Das Leben, es fließt in ständigem Wandel, doch die wenigsten können sich auf diesen Wandel vorbereiten. Man geht in seinem Kopf die einzelnen Handlungen durch und malt sich eine entsprechende Reaktion aus. In der Hoffnung, dass diese genau so geschieht.

Doch wenn das Gegenüber nicht so agiert, wie man es sich tausendmal in Gedanken wünscht, dann stehen wir vor einer unsichtbaren Wand.

Vielleicht verebben die Worte und unser Gesicht verliert einen gewissen Ausdruck an vorheriger Leichtigkeit und eine Starre nimmt Gestalt an.

Einige werden eventuell wütend und schlagen etwas kaputt, von dem sie es im Nachhinein bereuen. Andere haben nur auf diesen Moment gewartet und haben sich selbst darauf vorbereitet und ihre Reaktion ist fließend, wie das Wasser.

Sie spülen es hinfort, lassen es gar nicht an sich heran und werten die Handlung als einen Stein, der Unruhe in ihr ruhiges Gewässer brachte.

Damit sie wieder im Gleichgewicht sind, erleichtern sie sich davon, damit Ruhe eintritt. Das ist leider für viele der einfachste Weg, sich vor Störungen im Fluss des Wandels zu schützen. Und dann ist es wie bei mir.

Auf das, was geschehen war, darauf hatte ich absolut keine vorbereitete Reaktion.

Es war nicht wie mit den Blitzen oder wie ein schwerfallender Stein.

Ich spüre ihn gerade so intensiv und jetzt bricht es wieder. Mein Innerstes zersplittert.

Mich durchzuckte ein heftiger Schmerz. Ich konnte nicht mehr Atmen und dann hörte ich den inneren Bruch in tausend kleine Scherben. Ich denke, es war mein Herz, das dieser Last nicht standhalten konnte.

Meine ganzen Gefühle, mein ganzes Sein, alles von mir wurde in dieser Nacht hinfort gespült. Das Schicksal fragt nicht, ob du bereit bist.

Ob du bei dieser holprigen Fahrt nicht aussteigen möchtest.

Ich weiß, dass Jaden auf jeden Fall ausgestiegen wäre und in seiner lockeren Art nachgefragt hätte, was diese Leute damit hätten bezwecken wollen. Sie haben ihn nicht gefragt, ob er das möchte. Sie haben ihn einfach mitgenommen. Ich weiß, Jaden und ich, wir wären bei dieser Fahrt auf jeden Fall ausgestiegen.

Mein lieber Jaden.

Mehr Worte mag ich momentan nicht über ihn ausdrücken. Denn die Scherben sind tief.

Es war Nacht.

Spät in der Nacht, als dieser elende Schmerz mein ganzes Leben veränderte. Ich möchte es noch immer nicht glauben, dass diese Nacht wirklich so abgelaufen ist.

Ich male mir in Gedanken oft eine andere Handlung aus. Doch dann werde ich mit der Realität konfrontiert und die Realität, sie schmerzt. Sie sagen zu mir, ich muss wieder in die Realität zurückkommen. Mich wieder der Gegenwart widmen.

Doch hier ist Jaden nicht.

Ich frage mich, ob ihm dort kalt ist und ob er wohl noch immer friert. Ich würde ihm sofort meine Jacke geben, doch sie sagen, dorthin könne ich nicht gehen. Sie bewahren mich davor, dorthin zu gehen. Als ob ich das tun würde. Denn dort, wo sie sagen, dass er wäre, dort ist er nicht.

Dorthin würde Jaden niemals freiwillig gehen. Er ist doch genauso jung wie ich.

Ein kleines, wehendes Blatt, versteckt unter Hunderten, und versucht im Wind der Gesellschaft den gleichen Fluss zu finden. Oder wie wir es getan haben, unseren eigenen Weg zu finden.

Wir erweiterten unser Geäst. Langsam und stetig. Fest zusammenhaltend gingen wir mit dem Wind und breiteten unsere Flügel aus und flogen dorthin, wo die wenigsten wussten, dass es dies überhaupt gab.

Einige Freunde von uns befanden sich auch dort. Doch kann ich ohne ihn dorthin zurück? Vor allem weil ich den Schlüssel zu diesem verloren habe.

Es gibt auch andere, mit denen ich dorthin gehe. In ein freies Denken, in eine andere Welt, in der es weder in der Liebe noch in unseren eigenen Gedanken Grenzen gab. Doch mein Jaden ist noch immer fort und ohne ihn bin ich nicht komplett, auch wenn es andere gibt.

Ich habe oft das Gefühl, ich falle. Obwohl ich, wie jetzt, auf meinem Bett sitze.

Es ist kein freies Gefühl, das sich in mir breitmacht. Dass ich leicht wie eine Feder wäre, die schon bei dem kleinsten Wind weiterzieht. So wie jetzt wünschte ich mir, ich könnte meine Gedanken auf diese Feder legen und sie würden davongetragen werden.

Denn es ist oftmals anstrengend. Genau, wie sie es sagten, dass ich es nicht mehr so viel tun sollte. Doch dann ist mein Jaden Vergangenheit. Er soll doch kein Stern werden.

Ich glaube, bei den Sternen würde es ihm gefallen. Ich könnte ihm jeden Abend sagen, dass es mir gut geht. Auch ohne ihn. Doch ich weiß nicht, ob er ein Stern ist und ich den richtigen beobachte. Was, wenn er keiner ist? Sie sagen, ich solle es mir vorstellen.

Vorstellen?

Vorstellung ist ein Gedankenschwung, der zuerst in den hellsten und kräftigsten Farben leuchtet. In den Farben, in denen man es sieht.

Je nach Intensität blendet es sogar vor dem eigenen Auge.

Sie beginnen vielleicht sogar zu schmerzen, was leider so ist, wenn sich dunkle Farben dazumischen.

Denn dann wird unsere eigene Vorstellung verrührt mit einer anderen und wir merken, dass dies nicht funktioniert, und können doch den Überschuss nicht entfernen. Bei uns passten die Farben zusammen.

Als wir uns kennenlernten, trat unsere Farbe ganz zart ans Tageslicht.

Es war so wie der Sonnenaufgang.

Du blickst ewig in die Ferne und wartest, dass etwas geschieht. Es macht sich vielleicht eine leichte Nervosität breit, weil du nicht weißt, wie du dieses Gefühl einordnen sollst. Dann, wenn du lange genug wartest, spürst du, wie das Gefühl anfängt, sich zu erwärmen.

Wie bei der aufgehenden Sonne. Es geht an einem Punkt im Körper auf und beginnt, seine Strahlen auszubreiten.

Es macht sich eine leichte, angenehme Wärme bemerkbar.

Dann steigert es sich wie bei einem klassischen Musikstück im Accelerando.

Du wirst plötzlich von der langsamen Welle erfasst und befindest dich auf einer beschleunigten Spur.

Die Farben beginnen zu fließen. Vermischen sich zaghaft mit dem Wasser und lassen nur einen dünnen Faden hervortreten. Sie fühlen ihr Gegenüber und wissen nicht, ob sie zusammenpassen.

Sie tasten sich heran und fühlen mit einer kurzen Berührung, ob sie das Gleiche füreinander spüren. Und wenn es dann passt, tritt die Sonne in ihrer ganzen Pracht hervor.

Der Sonnenaufgang ist oftmals so gewaltig, dass wir anfangs das Gefühl haben, wir würden uns daran verbrennen.

Jedoch ist es die Hitze unseres Innersten, welche uns das Gefühl gibt, wir würden im Innern verbrennen. Doch diese Hitze, sie schmerzt nicht.

Sie erfüllt uns mit tiefster Wärme und füllt verborgene kalte Stellen in uns, obwohl wir anfangs nicht genau wissen, dass wir diese Stellen hatten. Und wenn wir uns dann an dieses Gefühl gewöhnt haben, kommen die Farben endlich in ihrer vollsten Pracht an die Oberfläche.

Jaden hatte ein tiefes Blau.

Genau wie seine Augen

Blau ist die Farbe des Himmels und der See.

Es vermittelt eine gewisse Freiheit in uns. Alleine der Gedanke, wir stehen hoch oben auf einem Berg und blicken über die winzig kleinen Baumwipfel, die sich unter uns dicht an dicht reihen.

Sie geben uns das Gefühl, wir wären frei, weil alles andere weit unterhalb liegt. Alle Sorgen, Ängste und Gedanken liegen unter diesem Kissen aus Grün versteckt und sind verborgen.

Wir nehmen sie nicht mehr wahr und richten so unseren Blick gezielt gegen den Horizont. Vielleicht erhascht uns auch eine kühle Prise des aufkommenden Windes und dann breiten wir unsere Arme aus. Wir haben das Gefühl, es würde alles davon getragen und nur wir existieren noch. Unsere Augen suchen das Blau des grenzenlosen Himmels und wir spüren eine gewisse Form von Ungebundenheit.

Ein jeder hat andere Gedanken, wenn er sich in dem Gefühl von Freiheit befindet. Freiheit fühlt sich leicht an. Es ist unbeschwert und nicht fesselnd.

Doch manchmal, gerade hier in diesen Räumen, habe ich das Gefühl, wenn ich die Freiheit in mir spüre, ich damit abschließen könnte, dass ich wieder durch einen Sog zurückgeworfen werde. Ich darf doch nicht das Gefühl der Freiheit in mir tragen, wenn ich weiß, Jaden, mein lieber Jaden ist gefangen. Wissen Sie, wie ich das meine?

Ich bin doch … sein.

Ich war es immer gewesen. Aber sein Blau in den Augen spiegelte mir so sehr die Freiheit in mir wieder, dass ich das Gefühl hatte, ich würde diese verlieren, wenn ich meine Arme nicht ausbreite.

Ich nicht auf dem Gipfel stehe und alles andere unter diesem Kissen aus Grün lasse.

Welch törichtes Denken von mir. Ich denke, er wäre den Weg mit mir gegangen.

Und er?

Jaden, mein lieber Jaden, er hat wohl irgendwann angefangen, eine andere Farbe zu wählen. Eine dieser Farben, die sich heimlich in unser Innerstes schleichen. Weil wir mit einem negativen Ereignis nicht zurechtkommen.

Es ist die größte Tücke, die sich in unserem Leben in unsere Seelen mischt. Negatives hat für jeden in seinem Leben eine unangenehme Rolle.

Die Wenigsten, genauso wie ich, möchten sich aktiv mit dem Negativen befassen. Denn dann kommen die nicht gewünschten Gefühle in uns zum Vorschein, und das sind die Gefühle, die nicht jeder von uns fühlen möchte.

Doch sie gehören zu uns. Genau wie das gute Gefühl.

Wenn man sich zu selten mit dem Negativen konfrontiert, droht dein Innerstes irgendwann daran zugrunde zu gehen.

Der Druck, der sich, wie bei mir, zwischen meinem Herzen und meiner Lunge ansammelt, droht dann aufgrund von Platzmangel irgendwann in tausend Scherben zu zerbrechen.

Genau wie mein Herz, bei Jaden.

Mein lieber Jaden.

Jedoch ist es ein ganz anderer Schmerz. Zuerst mischt sich die dunkle Farbe in unsere Seele. Sie versteckt sich in einem Punkt deiner Seele, den du selbst nicht so schnell findest.

Dann fängt er an, gibt Tropfen für Tropfen etwas von seiner dunklen Farbe in dich hinein und du spürst zu Anfang eventuell nur ein leichtes Ziehen.

Es mag wohl deine Seele sein, die sich zu Beginn versucht, gegen das Negative zur Wehr zu setzen. Der Tropfen mag hauchdünn sein, doch mit der Zeit wird er sich sammeln und zu einem größeren werden.

Es ist auch nicht sichtbar, wenn jemand diese dunklen Tropfen in sich trägt. Sie überspielen ihre Verletzlichkeit mit einer übertriebenen Fröhlichkeit und man erhofft dadurch, in Ruhe gelassen zu werden.

Doch hier, in meinem Zimmer lassen sie mich nicht in Ruhe. Sie möchten mit mir über diese dunkle Farbe reden.

Eigentlich hat Jaden, mein lieber Jaden mir diese Farbe zugemischt, und in einer gewissen Art und Weise mag ich sie.

Denn wie ich schon sagte, sie zeigt mir, dass er in meinem Leben war.

Ob ich ihm leider auch solch eine dunkle Farbe zugemischt habe?

Darüber zerbreche ich mir schon seit diesem Tag den Kopf.

Ich denke gelegentlich, ich habe den Auslöser dieser dunklen Farbe gefunden. Doch weiß ich nicht genau, ob ich es ihnen mitteilen soll. Denn wie gesagt, dann hören wir vielleicht auf, über ihn zu reden, und er soll doch kein Stern werden.

Jedoch die vielen Gedanken in unseren Köpfen machen es oftmals nicht möglich, normal weiterzumachen. Genau, wie es mir erging, als die Polizei mitten in der Nacht an unsere Haustür klopfte und mein Kopf seither einfach nicht ruhig sein kann.

Es ist wie das Zerbrechen eines Spiegels.

Spiegel tragen etwas Mystisches an sich. Man blickt hinein und glaubt, denjenigen zu kennen, den man darin sieht. Man beobachtet sich zu einem gewissen Punkt selbst und ist erstaunt, was man darin noch so alles findet.

Zuerst ist sein Gegenüber genau wie man selbst, denn schließlich ist es unser Ebenbild dort in der Spiegelung.

Doch zu einem gewissen Zeitpunkt, dann, wenn wir denken, wir sind alleine, kommt es zum Vorschein. Das Wesen, welches wir gerne sein wollen. Unsere Masken fallen zu Boden, zerbrechen in tausend Splitter und lösen sich auf. Wir erschrecken für einen kurzen Moment über unsere Nacktheit, die wir zu sehen bekommen.

Denn wir sind es nicht mehr gewöhnt, unser wirkliches Ich in Augenschein zu nehmen.

Zu lange wandeln wir mit unseren Masken herum und spielen einen Menschen, den wir selbst nicht genau kennen.

Nur aus Angst, wir würden in unserer Gesellschaft nicht akzeptiert werden. Jaden war da ein völlig anderer Mensch.

Jaden, mein lieber Jaden.

Ich weiß nicht, ob er seine Maske hat fallen lassen? Ob er sich in Augenblicken, in denen wir getrennt waren, auch so zeigte, wie er sich bei mir zeigte.

Frei, ungebunden und ohne Maske. Doch wenn ich genau darüber nachdenke, hielt er mir bewusst unbewusst die undurchsichtigste Maske entgegen, die man tragen konnte.

Warum habe ich es nicht bemerkt? Gesehen oder gespürt?

Vorwurfsvolle Fragen, die ich mir hier in der Klinik, in meinem Zimmer versuche zu beantworten.

Doch zu lange kann ich darüber nicht nachdenken. Es zermürbt meinen Kopf wie Kräuter in einem Mörser.

Mit langsamen, drehenden Bewegungen reibt es über dein limbisches System, dem Zentrum, wo die Gefühle und Emotionen gesteuert werden.

Seit Jadens Unfall liegt eine Störung bei mir vor. Jaden hat meine Gefühle mitgenommen.

In jener Nacht hat er sie in einer Schachtel eingepackt und sie verschlossen mitgenommen. Auch das habe ich nicht mitbekommen.

Es zeigt uns in dieser Situation, dass wir vieles überhaupt nicht bewusst wahrnehmen.

Sei es, dass wir in dem Augenblick, in dem uns etwas widerfährt, nur uns selbst wahrnehmen.

Die Kunst der Gefühle liegt darin, dass wir sie auf unterschiedlichste Weisen zu spüren bekommen.

Wenn wir jedoch mit unseren Masken umherirren, ist es wie gesagt selbst für einen vielseitigen Menschen schwer, die Täuschung zu hintergehen.

Nur wer ständig hinterfragt, läuft nicht Gefahr, sich in den tausend Spiegeln der Täuschung zu verlieren. So wie es Jaden wohl getan hatte.

Man durchläuft dann einen Trug der Gefühle, den man unbewusst nicht mitbekommt.

Gefühle und Emotionen steuern einen Großteil unseres Wesens.

Es gibt auch, was wohl viele erfahren haben, die guten und schlechten Gefühle. Wenn sich aber unter die Gefühle unsere eigene Täuschung einschleicht, so wie das Mischen einer anderen Farbe in unsere eigene, und wir es bewusst nicht mitbekommen, auch dann drohen wir die vielleicht negativen Gefühle in uns als richtig anzusehen.

Sie gehören in einem gewissen Maße zu uns, doch dürfen wir nicht zulassen, dass wir zu viel Negatives in uns tragen.

Gefühle sollten uns beflügeln, uns an andere Orte bringen oder uns einfach erkennen lassen, was in uns schlummert.

Das, was unsere Seele versucht, nach außen zu tragen.

Jedoch bei mir trägt es nur Kummer nach außen. Aber in einer Form, in der keiner weiß, wie sie damit umgehen sollen.

Ich kann mit dem Gefühl nicht leben, zu wissen, dass Jaden wohl in seinen letzten Sekunden sehr viele negative Gefühle in sich trug. Da kommen wir wieder auf unsere selbstgewählten Masken, die wir uns unbewusst tagtäglich anziehen.

An diesem Abend, vor jener Nacht, spürte ich die dunkle Farbe, welche sich heimlich zwischen mich und Jaden mischte. Doch wenn wir mit einem anderen intensiveren Gefühl beschäftigt sind, bemerken wir in unseren Spiegel nicht alle Veränderungen. Und ja, bei mir war die Veränderung leider unterdrückt. Was Jaden, meinem lieben Jaden sein persönlichstes Unglück brachte.

Manche Tatsachen können die Wenigsten von uns hinnehmen. Denn es gleicht ihnen einer Aufgabe. In zweierlei Hinsicht.

Manche lassen sich bis auf den Nenner genau errechnen und berechnen. Wir können dadurch viel besser agieren und reagieren, anstatt dass wir vor einem ungelösten Ergebnis stünden.

Es ist auch eine Frage von Schuld und Nichtschuld bei solch einer Aufgabe.

Vor dieser Aufgabe stehe ich.

Kritzel mit einem imaginären Stift meine ganzen aufgeworfenen Fragen an die Wand und wenn in diesem Augenblick die Ärzte in mein Zimmer kommen, gleicht es ihnen einem schweren Trauma. Wie sie es nennen.

Ich trage seither eine tiefe seelische Verletzung in mir. Ich kann zu gewissen Zeiten nicht schlafen, geschweige denn etwas essen. Werde ich gerade persönlich?

So wie es aussieht, werde ich das wohl. Aber ich spüre, ich bin in einer guten Verfassung dafür.

Wo soll ich beginnen?

Bei Jaden, würde ich sagen.

Ja, mein lieber Jaden.

Ich habe bereits erzählt, dass er frei und ungebunden war. Er ist ein Teil meiner Seele und mein absolutes Gegenstück. Zusammen wehten wir wie Blätter im Wind und ließen alles um uns herum so sein, wie es war.

Für viele eine Gedankenstruktur, die nicht nachzuvollziehen ist. Wir lebten quasi in unserer eigenen Welt. Für mich war es normal, in täglichen Kontakt mit ihm zu stehen. Doch für die dunklen Farben in den Menschen war es dies nicht. Vielleicht sahen sie das, was geschehen war, voraus und wir beide waren blind wegen unserer festen Vorstellung, die wir in uns trugen.

Für Gegensätze hatte unsere Seele keinen Platz.

Sie deuteten uns an, dass wir verschieden waren und genau dies wollten wir nicht sein und das waren wir auch nicht.

Sein Lächeln, welches Licht in mein Herz trug, wenn ich es sah. Eine kleine, heilvolle Welt wurde mir gezeigt. Ich liebte es. Nicht nur das.

Doch ist man bereit, seinen Blickwinkel zu ändern?

Denn Änderung bedeutete Veränderung in jeder Hinsicht.

Wenn ich genau darauf geachtet und die Bedeutung seines Lächelns wahrgenommen hätte, weiß ich immer noch nicht, ob ich etwas hätte ändern können.

An seiner Tat etwas ändern können.

Welch schreckliche Tat.

Jaden, mein lieber Jaden.

Ihm ist bestimmt kalt dort unten. Lauter Gestein, dort wo er war.

Ein Lächeln kann vieles ausdrücken.

Es sagt deinem Gegenüber, ich freue mich oder es geht mir gut. Jedoch in der Tiefe hat ein Lächeln eine andere Bedeutung. Wenn ich darüber nachdenke, wandern die Scherben meines Herzens in rasender Schnelligkeit.

Weil ich blind war.

Ein Lächeln bedeutet in der Tiefe auch, dass wir etwas überspielen möchten.

Oder wir etwas ausblenden wollen. Fröhlichkeit vortäuschen und unsere Masken perfekt inszenieren können. Denn wer blickt denn schon dahinter?

Doch ich bin hier zu dem Standpunkt gekommen, dass ein Lächeln wohl auch verräterisch sein kann.

Es war wie eine Droge der Tücke für ihn. Mir spielte es vor, es richtig zu deuten, jedoch war es für Jaden eine Spirale, aus der er nicht mehr rauskam.

Mir hätte es auffallen müssen. Es brennt in meinem Körper und lässt mich die Spirale erahnen, in der er war. Wenn wir uns trafen und wir taten das täglich, war alles eine heile Welt.

Bis spät in die Nacht lagen wir oft auf meinem Bett und unterhielten uns. Über so vieles. Über Mädchen?

Darüber muss ich nachdenken. Jaden erwähnte in keinem Satz ein anderes Mädchen. Wir waren zusammen und dies genügte ihm. Denken Sie, darin liegt ein Anhaltspunkt?

Wenn wir uns ein Windspiel betrachten, dann sehen wir auf den ersten Blick ein ganzes in sich harmonierendes Gebilde, welches leicht, bei der kleinsten Bewegung zaghafte Geräusche von sich gibt.

Es sich im Wind diesem anpasst und wir sind befriedigt dem leichten Taumeln der Spielereien zuzusehen.

Es passt sich alles an, doch wir übersehen die kleinen Unebenheiten, die diese Windspiele in sich tragen.

Ist es auf einer Seite nicht richtig ausbalanciert oder schwingt zu viel Gewicht daran, gelangen die Fäden ineinander und verheddern sich.

Oft schaffen sie es von alleine, ihr Gewirr wieder zu lösen, und sie pendeln sich wieder aus. Doch bei Jaden war diese Harmonie eines Windspieles ausgependelt. Er war so befangen in seinen Fäden, dass er nicht mehr rauskam.

Es mir sagen? Tat er nicht. Das Gefühl für ihn war wie die Steine, von denen ich Ihnen bereits erzählte.

Sie brachten nur Unruhe in unserer friedfertiges Gewässer, welches unser Gleichgewicht hätte zerstören können. Doch dieses Nichtwissen zerstört viel mehr.

Und davon hatte ich genug.

Nichtwissendes Material. Die Maske und seine Angst. Doch unter wie vielen Ängsten ich leide, interessiert ihn nicht mehr. Er ist ja gegangen. Ängste sollen uns ja schützen. Vor Bedrohungen. Dummheiten, wenn wir wieder übermütig sind und jemanden beeindrucken wollen.
Es gibt berechtigte Ängste und welche, die wir uns einbilden.

Es gilt zu lernen, damit umzugehen. Oder wie viel Gewicht wir dieser Angst zuteil geben. Es ist für mich spielend einfach zu sagen:

Er hätte keine Angst haben brauchen. Woher hätte er es aber wissen sollen?

Ich kann Ihnen diese Frage nicht beantworten. Ich glaube, ich habe ihm nie wirklich dieses Gefühl gegeben. Das ist einfach gesagt, denn so schiebe ich die Schuld von mir. Nicht wahr?

Es war doch ein Abend wie immer.

Jetzt spüre ich die Realität wieder. Sie ist ganz nah.

Ob ich sie zulassen kann?

Dazu muss ich zuerst mein Herz befragen.

Aber nicht so ein Herz, welches auf dem Papier in gleichen Bogenschwüngen gezeichnet ist. Das in Perfektion dort verweilt.

Mein Herz gleicht eher einem Labyrinth. Ein verschlungener Pfad, der ins Ungewisse führt.

Man folgt dem sichtbaren Pfad, der sich auf meiner Brust abzeichnet und dann beginnt die Reise.

Zu Anfang ist es eben und man findet den Eingang oder auch die nächste Abzweigung. Daraufhin beginnt der Pfad sich zu ändern.

Es sind die vielen kleinen Abzweigungen, vor denen wir plötzlich stehen. Sei es im wirklichen Leben, sei es in unseren Träumen oder in unseren Gedanken. Genau so ist mein Herz aufgebaut.

Es ebnet sich nicht in einem geraden Pfad oder Weg.

Ich habe sogar das Gefühl, es ist sehr verworren. Viele Wege zu meinem Herzen führen wohl in eine Sackgasse. Daran kann ich nichts ändern.

Egal wie viel ich versuchen würde, diese Mauern zum Einsturz zu bringen, würde man an der nächsten Abbiegung wieder vor einer neuen stehen.

Warum ich dieses Labyrinth habe?

Es sind die vielen kleinen Erlebnisse und Erfahrungen, die mein Herz gespürt hat. Jaden war offensichtlich tief in meinem Herzlabyrinth. Ich habe da etwas gespürt, tief in mir drin, jedoch war es das Leben, welches es mir nicht wirklich zeigen wollte.

So habe ich es im Gefühl. Er war doch mein bester Freund.

Beste Freunde verirren sich aber nicht in einem Herzlabyrinth, ohne vorher zu fragen, ob man das möchte. Oder sehe ich das falsch?

Ich weiß nicht mehr, wie es sich anfühlte, als Jaden den rechten Weg gefunden hatte.

Es war schon lange her, dass jemand den Weg durch mein Labyrinth fand. In Labyrinthen ist es auch dunkel.

Es gibt Abzweigungen, in denen man nicht mehr weiterweiß. Es sind die geheimnisvollen Wege, die unsere Herzen manchmal von alleine einschlagen. Weil dieses Herz selbst Angst hat, dass sein Besitzer sich irren könnte, und so schützt dieses Herz sich selbst.

Tat mein Herz das?

So viele Fragen, auf die ich keine Antwort weiß. Außer diesen Scherben. Die Scherben, die es verletzten, weil es ja in tausend Splitter zerbrochen ist. Jaden, mein lieber Jaden.

Hast du dir einen Splitter genommen?

Ohne dass ich es merkte?

Aber das konnte nicht funktionieren, denn er war in meinem Herzen eine Abzweigung falsch abgebogen und es war ja erst in dieser schrecklichen Nacht geschehen.

Der Abend war recht mild.

Perfekt, um sich auf eine abgeschiedene Wiese zu

legen und den klaren Sternenhimmel betrachten zu können. Genau solch ein Tag war es gewesen.

Es gab keine Veränderungen bei Jaden und mir. Er klingelte an meiner Haustür, kam zu mir ins Zimmer und begrüßte mich wie immer.

Wir griffen unsere Sachen und machten uns auf den Weg.

Doch war es nicht ein Weg wie jeder andere. Auch dieser Weg war von Stolpersteinen und Täuschung überschattet, welche uns die Sonne nahmen.

Mir meinen Jaden, meinen lieben Jaden nahm.

Sehen Sie die Splitter in mir?

Sie schmerzen mich so unglaublich, dass ich dann selbst nicht weiß, wie viel Schmerz ein Mensch oder Tier ertragen kann, bevor er in sich zusammenfällt.

Hören Sie dieses Klirren?

Die Scherben schmerzen mich, doch weiß ich so auch nicht wirklich, wie viel Schmerz mein lieber Jaden in seinen letzten Sekunden gefühlt haben musste.

Ich weiß, ich würde diese Vorstellung nicht überstehen. Deshalb mache ich bei diesem Abend weiter.

Frei und ohne jegliche Gedanken packten wir unsere Sachen zusammen und machten uns auf den Weg. Den richtigen Weg zu unserem Glück.

Denn wir waren zusammen, mehr brauchten wir nicht.

Glück hängt nicht von vielen Dingen ab. Auch wenn wir oft das Gefühl haben, es wäre von etwas abhängig. Das Glück liegt ganz allein in uns.

Das wahrhafte Glück liegt in unseren Herzen und wir müssen noch nicht einmal vor die Tür gehen, um das Glück zu finden.

Selbst wenn wir das Glück als funkenlende Diamanten in unseren Händen hielten, liegt es an uns selbst, wie wir dieses Glück definieren. Wenn wir um uns herumschauen, erblicken wir wahrscheinlich viele Menschen, die ihr Glück völlig anders definieren als ihr Vorgänger. Für mich bedeutet Glück, dass ich mit mir glücklich bin.

Nicht durch materielle Dinge, sondern in meinem Kern.

Der Kern eines jeden Menschen ist anderes strukturiert und lässt sich mit anderen Taten auffüllen.

Der Kern in uns leuchtet hell und lässt die Sonne und die Farben in uns erblühen. Lässt uns erstrahlen und die Feinheiten des Lebens in uns erspüren.

Für Jaden, meinen lieben Jaden lag Glück wohl nicht in seinem Kern oder in sich selbst. Dazu war der Weg zu mir zu zehrend gewesen und sein innerer Kern zerbrach. Doch wie fühlt es sich an, wenn der innere Kern bricht?

Gerät die Welt dann ins Wanken oder haben wir dann nur eine andere Sichtweise auf diese?

Ich denke, durch sein fehlendes Glück bekam bei ihm der Kern einen Riss und dadurch drohte er zu ertrinken.

Egal wie glücklich wir an diesem Abend waren.

Hier in der Realität habe ich bereits dreimal mit diesem Abend begonnen, doch weiterführen?

Dabei werde ich verlassen, wenn ich davon erzähle. Und mein persönliches Glück?

Kann ich so nicht mehr wirklich definieren. Es wäre auch egoistisch zu behaupten, er habe auch mein Glück mitgenommen, sodass ich nun völlig vereinsamt hier stehe.

Aber es kommt ja auf die Definition des Glückes an.

Glücklich war ich bei ihm auf jeden Fall. An diesem Abend?

Ja. Da war unser Glück anderes.

Das Glücksgefühl kam anders, verhielt sich anders und fühlte sich anders an. Vielleicht war es also nicht wirklich ein Gefühl von Glück, sondern nur eine Maskerade seiner Selbst. Weil er seiner Angst eine zu große Bedeutung geschenkt hatte.

Ich hätte ihm gesagt, dass mein Glück darin lag, wenn er da war. Ich mein inneres Glück liebend gerne mit ihm geteilt hätte.

Doch seine Angst hatte ein zu großes Gewicht für ihn und ich habe es nicht gemerkt.

Weil ich, wie schon mal erwähnte, etwas anderem eine größere Bedeutung schenkte.

Dadurch in einem Geflecht aus Blitzen, Steinen, Farben und Täuschungen gefangen war. Jetzt erst merke ich es.

Viel, viel zu spät für meinen Jaden.

Was soll ich denn jetzt machen?

Ich weiß, es ist nichts mehr wie vorher und wird nie wieder so sein. Denn ich weiß nicht genau, an welcher Reaktion ich ihn dazu gebracht habe.

Auf dem Weg zu unserem Platz war nichts Auffälliges passiert.

Warten Sie kurz, mein Herz bricht wieder, genau wie in dieser Nacht. Deshalb machen sich die ganzen Ärzte solche Sorgen um mich.

Sie sollten sich lieber Sorgen um Jaden machen. Ich weiß, er braucht dort unten in dem Gestein mehr Hilfe als ich hier in meinem kleinen Zimmer.

Denn hier kann ich nicht in die Tiefe stürzen. So wie er. Mit dem Gefühl, wohl kein Glück mehr empfinden zu können. Warum hat er das Glück nur so falsch interpretiert?

Noch eine imaginäre Frage ohne eine passende Antwort.

Welche Worte ich wählen würde, wenn er nun vor mir stünde?

In dieser Frage liegt so viel nicht Erfüllbares, sodass ich diese Frage nicht verstehen und beantworten kann. Worte haben eine große Verantwortung. Wussten Sie das?

Worte drücken etwas aus. Etwas in uns, etwas aus uns. Etwas was andere fühlen, etwas was einfach gerade in diesem Moment passiert.

Worte gleichen nicht dem Schweigen.

Es ist die Schwierigkeit, in den Worten die Spiegelung des Gemeinten zu finden. Darin liegt wahrlich eine große Kunst. Der Pfad, Worte falsch zu deuten, liegt erschreckend schmal zwischen Wahrheit und Lüge.

Selbst wenn wir in Gedanken etwas völlig anderes ausdrücken möchten, so liegt die Wahrheit der Wörter oftmals in unseren Herzen. Unser Herz, das versucht uns zu schützen. Doch ich habe an diesem Abend kein falsches Wort verwendet. Es war eher die Begegnung, die ich hatte.

Hier ist ein Teil aus der Box.

Sie denken, es ist doch nur ein kleines Stück eines Zettels. Nein, es ist viel mehr. Es hat mit seinen Worten eine große Bedeutung.

Für mich?

Wenn ich darüber nachdenke, ist die Bedeutung dieses Wortes eine sehr tiefe.

Doch woran hätte ich merken sollen, dass es gerade an diesem Abend eine völlig andere hatte. Wie?

Das geschriebene Wort hat für jeden eine andere Bedeutung. L I E B E

Wenn wir uns von Grund auf einer anderen Bedeutung dieses Wortes widmen, sagen wir, wir vergleichen es mit einem Anagramm, bekommt es einen völlig anderen Sinn.

Drehen wir die Buchstaben in verschiedene Richtungen, erhalten wir das Wort B E E I L.

Damit hat Liebe, denke ich, nichts zu tun. In der Eile haftet etwas Negatives. Die Liebe, sie ist nicht schnell. Intensiv ja, aber schnell, was Beeilen in sich trägt.

Nein das ist die Liebe für mich nicht.

Für Jaden, meinen lieben Jaden hat es vielleicht mit diesem Anagramm zu tun.

Wollte er in der Schnelle mir den Glauben schenken, ich wüsste, welche Bedeutung für ihn das Wort hatte?

Dann lag er leider falsch.

Trage ich doch eine Teilschuld in mir?

Es ist die Bedeutung des Wortes für ihn. Zwei Metaphern, für die ich keine Antwort habe, und er sie mir nicht sagte. Dachte er vielleicht, er könne in der Schnelligkeit seine Bedeutung der Liebe erklären? An diesem Abend?

Eine schwierige Antwort.

Vor allem wenn man bedenkt, dass er hinter seiner Täuschung seines eigenen Ichs gelebt hat und mir nicht sagte, was davon die Wirklichkeit ist.

Die Konsequenz davon war aber eine viel zu große. Eine schrecklich große.

Es gab überhaupt keine Eile, oder ein Falsch. Ich weiß es genau. Denn ich hätte ihm in einem stillen Moment geflüstert: Liebe ist das Einzige auf dieser Welt.

Egal wie tief sie schlägt und wie kompliziert es für manche sein mag, sollten sie sich in einem Irrgarten befinden.

Jetzt, gerade in diesem Augenblick denke ich, hätte ich seinen Pfad in meinem Herzen gefunden. In dem verworrenen Labyrinth, das er versuchte zu entwirren.

Herzlabyrinthe sind schwer zu entschlüsseln. Also bringt mir sein Zettel nicht wirklich viel an Bedeutung. Es ist ein geschriebenes Wort, Millionen Jahre in der Tiefe zerschellt.
Denn dort wird es für immer einen schwachen Widerhall erzeugen. Ob wir dazu bereit sind oder nicht.

Ich war noch nicht dort an jenem Ort. Dort, wo er nun ist.

Die innere Mauer der Leugnung liegt schwer auf meiner Seele und ich habe keine Möglichkeit, ihr zu entkommen. Es wäre nur eine Flucht in mein eigenes Unglück. Welches mir das Wort L I E B E zeigt.

Die Offenbarung seiner Gefühle kann so viele Auswirkungen haben. Es verlangsamt deine Welt und du weißt nicht, ob du dich in dieser zurechtfindest oder nicht. Es ist diese unheilvolle dunkle Farbe, die ich nicht erschließen kann. Es gibt so viele schöne helle und zarte Farben in unserem Leben. Ich verstehe diesen ganzen Sinn nicht mehr.

Die Mauern um mich herum erzeugen genau das Gefühl der Worte, welches es nicht soll. Den falschen Eindruck.

Wie mit dem Wasser, welches wir falsch deuten, oder wir eine andere Vorstellung haben.

In seiner Box sind noch einige Dinge, die mir die Mauer schwer auf mein Herz legt.

Mauern bieten uns auch einen Schutzmechanismus. Es kommt jedoch auf die Art des Mauerbaus an.

Wir haben uns gemütlich an unserer Feder festgehalten und waren so unbeschwert. Genau, wie es sein soll. Ohne jegliches Vorhaben und ohne Erwartungen.

In der Euphorie der Freude habe ich einfach auf die erzeugten Wellen dieses anderen Jungen reagiert und mich damit in einen tosenden Sturm manövriert.

Doch das Leben hatte andere Pläne für mich. Genau wie für Jaden. Mein lieber Jaden. Der bestimmt nicht so früh aussteigen wollte.

Der Sturm brachte meine Mauern zum Einreißen, so denke ich. Er bahnte sich seinen Weg durch die schmalen Risse in dem Gemäuer.

Wie ich es mal erwähnte: Wir können unserem Herzen nichts vormachen oder es belügen. Und so hat er an diesem Abend mein Herz unter Wasser gestellt.

Durch den ungewohnten Sturm, den mein Herz erfuhr, folgte ich dem schmalen Pfad hinaus in die vielleicht, so erhoffte ich es mir, ruhigeren Gewässer.

Es gab keine Steine, an denen ich glaubte zu ertrinken.

Die versuchten, mich mit in die Tiefen zu reißen. Nein, ich trieb leicht in meinem Federkleid auf den sanften Wellen dahin.

Umgeben von meiner unsichtbaren Mauer, die mich nicht sehen ließ, dass jemand auf der anderen Seite gerettet werden musste.

Welch törichtes Spiel.

Aber es waren nur normale Worte, die ich sagte. Ich zeige keine Geste der Zuwendung oder der Verbundenheit. Doch wenn man, wie Jaden, in einer winzigen Sekunde für einen winzig kleinen Moment auf der anderen Seite der Mauer steht, hört man das Flüstern nicht.

Man ist taub für das, was sein soll, und hört nur das, was man sich selbst zusammenglaubt zu hören.

Da kann das Flüstern zu einem Zustand der Einsamkeit werden und wir sitzen in einer zerbrechlichen Blase.

Diese Blase schirmt uns vor der Kälte der Welt ab. Sie behütet uns, in dieser Kälte zu erfrieren und keine Kraft mehr zu haben.

Doch lauert die Gefahr, dass wir das Flüstern ignorieren. Darin liegt der Trugschluss. Die Welt flüstert uns in lieblichen Augenblicken eine Welle an Harmonie, doch zerschellt diese Welle an der Blase der Einsamkeit.

Allerdings ist eine solche Einsamkeit nur so, wie wir sie sehen. Ich spüre, wie mein Herz mir flüstert, dass diese Einsamkeit in diesem Augenblick eine große Rolle bei ihm spielte, und das nur, weil ich nicht ertrinken wollte.

Welch törichtes Spiel von mir.

Finden Sie nicht?

Darin liegt die Waage des Wortes und ihrer Bedeutung.

Eine Waage ist dafür konzipiert, im Gleichgewicht zu stehen.

Wenn sie zu gleichen Teilen gefüllt ist und wir nicht versuchen, dieses Gleichgewicht zu stören, auch dann haben wir eine Ruhe in uns.

Egal, mit was die Waagschalen gefüllt sind.

Die Kostbarkeit der Füllung ist die, mit welchen Gefühlen, Gedanken oder Erinnerungen wir hantieren. Stolpern wir bei dem Versuch, unsere Waage zu nähren, dann kann es passieren, dass wir das Pendel zum Schwingen bringen. Zuerst versuchen wir, das Pendel auszubalancieren.

Für welche Waagschale wir uns dann entscheiden liegt darin, bei welcher wir das Gefühl haben, in welcher sich zu viel von etwas befindet.

Aber gibt es ein »zu viel von etwas« wirklich?

Oder ist es nur unser Verstand, der uns eine Täuschung widerspiegeln möchte? Uns aus dem Rhythmus des Pendels werfen will, sodass wir kopfüber das Gleichgewicht verlieren und zu taumeln beginnen?

Hier in der Klinik spüre ich, wie das Pendel des Lebens an mir vorbei schwingt. Wie ich ständig versuche, aus dem Treibsand der Erinnerung zu entkommen.

Jedoch liegt darin auch eine gewisse Schutzfolie, die mich in der Blase der Einsamkeit gefangen hält.

Doch ich habe Angst, sie zu verlassen und zu vergessen. Dass ich einfach alles vergesse und er wirklich nicht mehr da ist.

Jaden, mein lieber Jaden.

Wie lange ist es her?

Wenn ich meine Augen schließe und vor der Uhr des Lebens stehe, kann ich die Zeiger nicht mehr wirklich erkennen.

Sie sind gefangen, in Ketten gelegt und dieser riesen Schatten nimmt mir die Sicht.

Ich stehe in diesem leeren, hohlen Raum, spüre die Kälte um mich herum und friere. Dann spüre ich, wie die Kälte immer näher an mich herantritt. Wie das Pendel des Lebens mich ergreifen möchte, ich aber nicht mehr aufsteigen kann.

Ich bin gefesselt auf dem kalten Boden und pendle nur in die Vergangenheit. Ich greife nach dem kalten Metall und dort sehe ich ihn. Dort wird er immer auf mich warten.

Egal wie lange es schon Vergangenheit ist.

Die Mauern, die Blase, alles ist fort und ich spüre die Wärme wieder. Dort friert auch er nicht mehr und ist alleine. Also darf ich ihn doch nicht alleine lassen. Niemals.

Ich schwinge auf dem Pendel in die Dunkelheit der Vergessenheit und lasse nicht zu, ihn zu vergessen.

Meinen lieben Jaden.

Jaden, diese Worte hatten überhaupt nichts zu bedeuten. Warum hast du sie so falsch verstanden?

Immer wieder pendel ich dorthin zurück, doch ich sehe nur sein trauriges Gesicht und es sprengt mein Herz in tausend Scherben.

Es lässt mich mein Gesicht verlieren, wenn ich spüre, wie ich ihn verletzt haben mag.

In dem Augenblick, wenn ich versuche, seinen Namen zu rufen, schwinge ich wieder in die Gegenwart und er ist so weit von mir entfernt.

Er hört mich nicht und kann meine Worte gegen diese Stille nicht wahrnehmen.

Wissen Sie, wie schmerzlich es ist, wenn Sie immer und immer wieder sehen, wie er diesen Abend verlässt. Sie jetzt wissen, dass Sie ihn nie wieder sehen werden?

Diese Szene durchlebe ich immer und das Gefühl in mir verschlimmert sich immer wieder aufs Neue.

Ich verliere jeglichen Bezug zur Realität und hafte in der Vergangenheit fest. Genau so, wie die Ärzte es nicht möchten. Ich spüre dann, wie das Pendel anfängt zu ruckeln und ich den Halt verliere. Ich versuche, mich dann an dem Leben festzuhalten, doch ich stürzte, kurz bevor ich die Hoffnung habe, ihn endlich zu erreichen.
Ich würde endlich meine Antwort bekommen.
Jaden, warum hast du das getan?

Mich einfach hier auf Erden alleine zurückzulassen. Mich in die Stromschnellen zu werfen und mir nicht deine rettende Hand zu reichen.

Viele versuchen, mir eine plausible Antwort auf alles zu geben. Doch wenn wir auf alles eine Antwort hätten, würden wir in unserem Wissen stehenbleiben.

Die Zahnräder des Sinnes würden irgendwann aufhören, sich zu drehen, und wir wären gefangen.

Dann würde das Pendel der Erde zu einer gewissen Zeit anfangen zu rotieren und wir wüssten nicht, wie wir uns dieser Bewegung anpassen müssten. So fühlt es sich in meinem Kopf an.

Das Pendel schlägt mit voller Wucht gegen meinen Körper und versucht mich in die Gegenwart zurückzunehmen. Doch meine Mauer der Vergangenheit hält diesem stand. Denn ich bin nicht bereit, es zu verlassen.

Denken Sie, er wird, wenn ich weiter erzähle, mein Herz verlassen?

Denken Sie, er hört mich?

Das Flüstern des Lebens hat verschiedene Sequenzen. Ich glaube, er wird mich hören. Davon bin ich überzeugt.

Aber nicht so wie die Ärzte es denken. Ich werde natürlich auf meine Worte achten. Denn an diesem Abend haben wohl meine Worte das Unglück hervorgerufen.

Jaden, wie ahnungslos du warst.

Die Achtsamkeit war bei mir nicht vorhanden. Denn wenn ich achtsam bin, würde ich auf das achten, was um mich herum geschieht. Doch ich habe es noch nicht einmal mitbekommen, dass Jaden gegangen ist. Wie er wohl enttäuscht seine Dinge genommen hat und die Wiese verlassen hat. Das Leben ihm zuflüsterte, er solle achtsam in dieser aufgebrachten Situation sein, doch seine Mauer diesen Widerhall hat brechen lassen. Was dann geschah, sind alles nur Spekulationen mit wenigen wirklichen Tatsachen.

Er nahm wohl vorher meine Weste und wickelte darin ein kleines Stück Papier, über welches wir uns schon unterhalten hatten.

Ich war in dieser Zwischenzeit fasziniert von den lieblichen Worten des anderen Jungen. Dachte mir, es hätte zu einem späteren Zeitpunkt auch noch Zeit.

Irren liegt in der Natur des Menschen.

Wenn wir uns irren, dann verdrehen wir die Tatsachen.

Tatsachen, bei denen wir es nicht hinnehmen können. Wir denken, das Geschehene sei genau so, doch es sind nur unsere Gedanken, die möchten, dass wir nicht weiter darüber nachdenken.

Was aber in unseren Köpfen einen Ausnahmezustand entstehen lässt und wir uns so immer weiter in die Verdrehung begeben.

Wir trudeln in einem Gedankenstrudel umher und finden den Ausgang aus dieser Misere nicht mehr. Wir drohen letztlich den Verstand zu verlieren.

Bleiben lieber bei den anderen Tatsachen, anstatt der Wahrheit ins Auge zu sehen.

Doch was sah Jaden denn?

Nichts.

Er sah wirklich nichts, was die Tatsache seiner Sichtweise hätte verschlechtern können.

Ein einziges Wort hätte alles verhindern können.

Doch so ging er wohl wieder nach Hause. Wie lange er brauchte, bis er vor seiner Tür war, darüber denke ich auch nach.

Ich stelle mir vor, wie er gedankenverloren den steinigen Weg ging.

Die sonst so kleinen Steine für ihn zu riesigen Felsbrocken wurden.

Somit wurde ein sonst einfacher Weg ein bedeutend schwerer und mühseliger. Der einen viel Kraft kostet und zehrend wurde. Eine aufrollende Regenfront sich ihm näherte und er hineinlief.

Der letzte Stein der Entscheidung sich ihm mit breiter Brust entgegenstellte und er für

Sekunden, so dachte er, die Stille der wirren Worte in seinem Kopf bekam.

In diesem Fall ist eine gewählte Stille nicht laut genug für die wirren Gedanken im Kopf. Jaden, mein lieber Jaden.

Ein einziges Wort.

Doch welches hätte alles verhindern können?

In dem Moment seiner Dunkelheit wäre es egal gewesen, was ich gesagt hätte.

Keines meiner Worte wäre zu ihm durchgedrungen.

In diesem Moment wäre ein Ungleichgewicht entstanden und hätte unbewusst eine Seite zum Kippen gebracht.

Was wiederum einen Sturz ausgelöst hätte und jemand zu Fall gekommen wäre. Die empfundene Last wäre immer unerträglicher geworden. Welch schleichendes Gegenspiel.

Meiner Seele liegt es schwer auf dem Herzen. Das Ungleichgewicht macht deinen Körper funktionsuntüchtig. Es ist dann so, als ob ein Teil von dir nicht mehr da ist.

Es ist verschwunden und wir taumeln wirr durch unsere Welt.

Wissen nicht, wo wir anfangen sollen zu suchen. Bei dem Gegenüber? Bei uns? In unserem Umfeld? Wo?

Wo soll ich denn noch hinschauen, wenn meine Augen tränenüberströmt nach dem Weg suchen und ich nur Asche sehe?

In dieses tiefe Loch, welches er in meinem Herzen hinterlassen hat.

Wenn man mit einem einsamen Gefühl durch die Straße der Trauer läuft, sind unsere Empfindungen ausgeschaltet. Unser Körper hüllt uns unbewusst in einen Kokon, um weitere möglichen Schmerzen von uns fernzuhalten.

Wissen Sie, was er nach dem Gang in die Regenfront tat?

Sie erzählten mir, er setzte sich hinters Steuer. Ich spüre, wie ich nicht mehr atmen kann. Wie die Luft aus meinen Lungen gepresst wird und mir die Kraft zum Atmen fehlt.

Er hasste es, sich hinter das Autosteuer zu setzen.

Wussten Sie das?

Und Jaden?

Überschritt damit eine Grenze, von der er immer sagte, er würde sie nie überschreiten.

Da ist sie, die Uhr des Lebens, die beginnt, sich langsamer zu drehen.

Nur für einen kurzen Moment.

Was denken sie, denkt man in den letzten Sekunden, kurz bevor das Pendel des Lebens aufhört?

Ich versuche darüber zu schweigen. Denn es ist eine sehr schwierige Frage mit einer noch schwierigeren Antwort.

Ich habe gerade das Gefühl, ich werde dieses Zimmer niemals wieder verlassen.

Weil ich die Scherben meines Herzens niemals wieder ganz finden und zusammenkleben kann.

Die Scherben meines Lebens grau in grau mit der Erde zusammen in einem Trümmerhaufen liegen.

Wissen Sie warum?

Weil ich den Sinn, glaube ich, verstanden habe.

Es kann wirklich nicht der Realität entsprechen. So einfach und doch so *nicht einschätzbar*.

Jaden.

Du hast in jener Nacht, in deiner Blindheit und deinem Grau vor Augen Dinge getan, die dich dorthin brachten, wo du nun bist.

Ich werde mich wohl nie wieder an einen Abgrund stellen können.

Denn dann habe ich das Gefühl, ich würde dir dabei zusehen, wie du den Felsabgrund hinunter gefahren bist. Ohne jegliche Sorge, ob es richtig oder falsch ist.

Ein Labyrinth kann jemanden auf den falschen Weg führen und wir glauben, uns auf dem richtigen zu befinden.

Blind getrieben, von Gedanken, die dir weismachten, du würdest aus dieser dunklen Gedankenwolke nicht mehr herausfinden. Nachdem du dich, ohne ein Wort, dazu entschlossen hast, dass sich nun unsere Wege trennen werden.

Wie falsch du gelegen hast.

Es besteht auch die Möglichkeit, dass die Polizei sich mit dem Auto geirrt hat. Doch wenn wir den Spuren folgen, erblicken wir dieses Trauerspiel den Berg hinunter.

Ich war noch nicht vor Ort und ich weiß nicht, ob ich es jemals tun werde.

Denn nur wenn wir versuchen, das Geschehene zu verstehen, heißt es nicht, es wird dadurch ungeschehen.

Wir können es weder verhindern, noch können wir es lenken und behüten.

Wir können lediglich versuchen, ansatzweise damit umzugehen.

Doch dann schlage ich mit geballten Fäusten gegen die karge Wand in meinem Zimmer, um den sinnlosen Schmerz zu verstehen.

Alles um mich herum zu verstehen. Doch ich versinke nur in Wut und Trauer.

In den beiden Gefühlsebenen, die auf Dauer nicht gut für unser Seelenheil sind. Denn die Gefahr, sie als neuen besten Freund zu akzeptieren und sie wie einen unsichtbaren Schatz in einer kleinen Kiste zu verstecken, ist oftmals verlockend groß.

Denn so müssen wir uns nicht vielen Anstrengungen ausliefern, in eine andere Gefühlsebene zu gelangen. Doch wenn wir nicht auf uns selbst hören, wie soll es dann möglich sein, auf andere Außenstehende zu hören?

Diese Konstellation gibt mir in kleinem Maße etwas die Hoffnung, dass ich doch nicht so schuldig an Jadens Tod bin.

Da ist es.

Ich habe es ausgesprochen. Das erste Mal seit sechs Monaten habe ich die Tat ausgesprochen. Wenn man es als Tat bezeichnen kann. Vielmehr ist es aber auch ein Geschehen oder ein Stadium. Ein Stadium, das Jaden selbst gewählt hat. Welches nichts mit mir oder mit uns zu tun hat. Doch ein Wort?

Wörter zermürben unsere Gedanken, lähmen unsere Körper und legen nach einer Weile unsere Seele lahm.

Ich versuche es irgendwie zu schaffen.

Die zermürbenden Gedanken, was in jener Nacht genau geschehen ist, lässt die Tat nicht ungeschehen machen.

Also werde ich demnächst anders entscheiden. Ich werde auf den höchsten Berg klettern.

Ich werde zwei Tassen Federn mitnehmen und werde hinunterblicken. Aber nicht mit der Vorstellung, dass Jaden so sein Leben beendete, sondern ich werde Hoffnung schöpfen.

In den vielen kleinen Federn, die ich mit dem Wind der Sonne entgegen freilassen werde.

Ich glaube, bei der Sonne wird es ihm gefallen. Denn dann hat er geschafft, was er glaubte, er würde es nicht schaffen.

Er wird jeden Tag mein Herz erwärmen. Bis sie am Abend wieder untergeht.

Mein Herz wird er dadurch niemals verlassen. Denn Wärme ist ein Gefühl, welches wir immer und immer wieder in uns hervorrufen können.

Auch wenn wir manchmal das Gefühl haben, der kalte Winter legt sich frierend auf unser Gemüt. Soweit habe ich es verstanden.
Doch ich muss lernen, dieses Gefühl länger zu verstehen und nicht zu glauben, das es dadurch abhandenkommt.

Wir versuchen täglich, unser Ziel zu erklimmen, und vergessen oftmals, dass wir längst schon über das Ziel hinaus sind.

Wie bei Jaden. Meinem lieben Jaden.

Die Liebe, die du bei mir gesucht hast, die hattest du schon lange erreicht. Da haben wir das Wort, das alles hätte verhindern können. Wissen Sie, welches es ist?

Ich rate Ihnen, nicht zu lange zu warten, sonst geht es Ihnen verloren.

In der Verlorenheit finden wir oftmals nicht den richtigen Weg und irren umher.

Warten auf Dinge, von denen wir glauben, dass sie geschehen, ohne dass wir selbst etwas dafür zu tun. Ich werde nicht mehr warten, wenn ich es geschafft habe.

Ich werde meine Hand ausstrecken und nach dem neuen Sinn suchen. Ich werde ihn finden und mit aller Offenheit begrüßen.
Ich weiß, ich werde nicht alle Narben in mir heilen können. Aber ich hoffe, ich kann lernen, damit umzugehen.

Denn dies ist keine Leugnung Jaden gegenüber, sondern es ist eine Wiedergeburt an mich, mit einem großen Stück seiner Selbst in mir.

Wenn das Pendel des Lebens stillsteht, läuft die Realität langsamer.

Diesem Rhythmus werde ich mich versuchen anzupassen. Denn so werde ich es schaffen, wieder zurückzufinden. Zwar nicht mehr ganz, aber so, dass ich die Realität aushalten kann.

Dass ich auf das Pendel aufsteigen kann, ohne gleich fallen zu müssen.

Ich sowohl in die Vergangenheit reise und doch wieder zurückfinde. Mit und ohne Jaden.

In Gedanken und tief in meinem Herzen.

Es ist wie das Beschreiben eines neuen Blattes. Wir können selbst wählen, wie wir es beschriften und mit welchem Ende wir es abschließen.

Es ist wie im Herbst, der seine Erlebnisse auf die einzelnen Blätter hebt, sie in seinen bunten Farben imprägniert und in der verlangsamten Welt zu Boden sinken lässt.

Dann werde ich meine Augen schließen und merken, dass ich mit dem Wind emporgestiegen bin. Meine Suche niemals ein Ende haben wird, ich es aber akzeptieren werde. Zu einer gewissen Zeit.

Die Welt hat Jaden verschlungen. Auf welche Ebene genau, das werde ich mir niemals beantworten können.

Aber ich merke, er wird auf dieser Ebene auf mich warten. Dort wird er mich nicht mehr alleine lassen. Aber zuerst muss ich hier das Flüstern des Lebens neu starten.

Ich muss versuchen, die Erinnerungen als etwas Gutes zu sehen und sie in meiner kleinen Box festzuhalten.

Ich werde mich von dem Wind zu neuen Zielen tragen lassen und mit geschlossenen Augen dem mutig entgegenstehen. Ich spüre Jaden tief in mir.

Ich spüre, wie er jeden Tag bei mir ist. Das, was ich zu Anfang nicht glaubte.
Es erhellt sich eine Wärme in mir, die nur von ihm ausgehen kann. Er in meinem wirren Herzen den rechten Platz gefunden hat und mir immer wieder Hoffnung gibt, nicht aufzugeben.

Doch ist mein Leben noch zu jung, als dass ich so lebe, als würde ich selbst nicht mehr existieren.

Es ist wie das Leben.

Es ist eine Achterbahnfahrt und nun entscheide ich selbst, wo ich einsteigen möchte und wo nicht. Denn so hat Jaden sich entschieden. Eine eigene Entscheidung.

Es ist wie der Herbst.

Auf den Verfall erblüht bei mir so langsam neues Leben und ich habe das kleine, rettende Licht gefunden, welches mir den Weg zeigt. Der kleine Funke Hoffnung.

Es ist wie mit dem Nebel.

Es ist vieles verschleiert, doch Jaden hat mir durch seinen Tod gezeigt, dass es doch immer einen Ausweg gibt, wenn man es wirklich möchte. Man sollte einen Augenblick nachdenken.

Alle Entscheidungen ändern das Leben auf eine gewisse Weise.

Nur müssen wir bereit sein, die Felsen, die sich uns in den Weg stellen, mit Mut und Kraft zu erklimmen.

Dann werden wir niemals alleine irgendwo ankommen und müssen nach dem Weg fragen.

Heute stehe ich an dem Platz, an dem Jadens Pendel das letzte Mal geschwungen hat.

Der Weg dorthin war sehr schwer und steinig. Ich habe mich oft selbst verloren und dachte, ich müsste für immer hier in dieser Klinik bleiben.

Doch habe ich es geschafft, mich aus meinem selbstgewählten Gefängnis zu befreien. Betrachte den Herbst und den aufkommenden Winter mit neuem Mut. Denn es ist nicht immer alles kalt und hässlich.

Ich spüre die Wärme, schließe meine Augen und sehe Jaden.

Er steht hoch oben an dem Horizont und wartet auf mich.

Bis das Pendel des Lebens mich verlassen wird.

Doch zuerst kehre ich zurück. Zu mir, zu meinem Leben und zu ihm.

Ich nehme Anlauf und springe dem Wind entgegen.

Der Wind trägt mich empor in die Höhen der Glückseligkeit, dort wo ich Jaden sehen werde.

Es ist wie das Wasser. Wir selbst entscheiden, wie schnell wir mit den Stromschnellen schwimmen, oder ob wir es langsamer dahin fließen lassen.

Doch ich ertrinke nicht in den Fluten.

Ich sehne mich nach dem Gefühl, ihm endlich gegenüberzustehen.

Doch nicht heute.

Ich werde das Leben nicht zurücklassen.

Es ist wie das Pendel der Erde.

Wir bestimmen, wie wir auf Veränderungen reagieren. Auf Tod kommt Neugeburt, auf Verfall Neubeginn.

Auch wenn wir das Gefühl haben, wir ertrinken daran, halten wir uns immer vor Augen, das rettende Ufer ist nahe.

Wir folgen allen Änderungen und folgen allem Neuanfang. Das Pendel zeigt uns zu jeder Jahreszeit, wie die Welt sich ändert.

Ich bin dem Wind entgegengesprungen und lasse mich treiben. Der Sonnen entgegen.

Jaden, mein lieber Jaden.

Kannst du es sehen?

Ich sitze hier in der Dunkelheit und sehe, wie die Sonne sich durch die Finsternis kämpft. Ich spüre den Morgentau auf meiner zarten Haut und spüre das Leben. Auch wenn ich dir gerne gefolgt wäre, wozu ich bereit war.

Ich denke, ich lasse dich auf die Sonne ziehen. Dort wird es dir besser als bei den Sternen gefallen. Du hattest schon immer mein Herz berührt und es zum Glühen gebracht.

Deine Liebe zu mir werde ich immer in meinem Herzen tragen. Solange bis die Sonne am Abend wieder untergeht.

Wir werden uns wiedersehen.

Aber nicht heute.

Ich liebe DICH

Jaden

Ein gebrochener Kern im
Inneren eines
Mannes ist komplizierter
zu heilen, als bei einer Frau.

Es sind nicht kleine Bruchstücke, die man
versuchen könnte, mit Sekundenkleber auf die
eine oder andere Weise wieder
zusammenzuflicken.

Ein gebrochener Kern schnürt den Weg zu unseren
Herzen zu. Es verschweißt die Wege dorthin und
lässt dich nur schwer wieder dort entkommen.

Denn leider sind wir Männer oftmals nicht in der
Lage diesen Weg mit den richtigen Gefühlen

auszudrücken und wir versuchen, es auf unsere Art zu lösen. So wie ich in diesem Moment.

Ich versuche den Schmerz, den ich verspüre, nicht fühlen zu müssen, doch er bohrt sich wie ein brennendes Eisen in meine Brust und schnürt mir die Luft zum Atmen ab.

Wissen Sie, wie es sich anfühlt, wenn man das Gefühl hat, man erstickt an diesen vielen ungedeuteten Emotionen, die sich in deinem Inneren breitmachen?

Es ist oftmals wie die Überladung eines Ions, dadurch läuft man Gefahr, in ein anderes Stadium zu gelangen.

Dann haben wir wiederum ein neues Gefühlschaos in uns, aus dem wir versuchen zu flüchten.

Genauso kann man es sich in meinem Inneren vorstellen. Wie ich es geschafft habe, mich in dieses Gefühlschaos zu manövrieren?

Eine gute Frage.

Gefühle entstehen in unseren Köpfen und sie bescheren dir eine gute Emotion oder nicht.

Diese kommen nicht langsam auf dich zu, so dass du dich vielleicht darauf vorbereiten kannst. Oder du es auf dich zukommen siehst.

So wie man sieht, dass der Herbst über die Lande zieht und Blätter sich auf ihren Tod vorbereiten.

Denn auf den Tod kann man sich in keinster Weise vorbereiten.

Er kommt schleichend auf einen zu, oder er trifft dich mit voller Wucht von vorne.

Es sind die unregelmäßigen Ebenen des Lebens, mit denen wir versuchen müssen klar zu kommen. Doch viele sind nicht bereit dafür. Sind nicht bereit, sich den Schwierigkeiten des Lebens zu stellen und flüchten.

Sie versuchen, es zu verstehen, und dadurch entsteht nur noch mehr Chaos in ihrem Kopf.

Ich denke, ich habe auch dieses Chaos in meinem Kopf. Wir leben vor uns hin und denken darüber nach, warum wir so leben. Warum dies oder jenes uns im Leben widerfährt, anstatt einfach zu sein. Ich war auch so ein Mensch.

Bis ich Malina genau kennenlernte.

Es gibt Momente in deinem Leben, die verändern alles. Genau das hat sie getan.

Worum ich sie überhaupt nicht gebeten habe. Aber sie war mein Tropfen auf dem heißen Stein. Es passte alles zusammen und so vergaß ich mein Chaos in meinem Kopf für kurze Zeit.

Es herrschte eine Ruhe in mir, die ich lange nicht mehr verspürte. Diese Ruhe breitet sich wie ein Fluss in deinem Körper aus.

Du hast aber nicht das Gefühl, darin zu ertrinken, es fühlt sich anders an. Es ist so, als ob du federleicht in einem tosenden Gewässer liegst und die aufkommenden Wellen dich nicht mehr zum Kippen bringen.

Du ein Gleichgewicht gefunden hast, welches dein kippendes Boot vor dem Kentern schützt.

Doch es besteht immer die Gefahr, dass der Sturm das Gleichgewicht zum Wackeln bringt. Deshalb lässt du diesen Schutz nicht wirklich zu und lässt dein Gegenüber unwissend über diese Angelegenheit. Denn man denkt, er würde dein

Chaos nicht verstehen, doch Malina verstand ihn. Auf ihre eigene Weise.

Wenn ich anfing, mich in meine gewählte Dunkelheit zu begeben, dann war sie es, die mich unbewusst mit ins Licht genommen hat.

Es war dann so, als ob ich von einem Strudel erfasst wurde und er mich nach oben katapultiert hat.

Raus aus den Tiefen hinein in die Höhe.

Doch wissen Sie, welch fremdes Gefühl es in dir auslöst, wenn du es nicht kennst?

Man fühlt sich wie ein kleines Kind, das zum ersten Mal die Schönheit der Welt kennenlernt. Man fühlt sich tapsig und stolpert mit dem neuen Gefühl herum und weiß nicht, wie man sich verhalten soll. Als heranwachsender Mann, der die Kontrolle nicht halten kann.

Dabei ist es einfach das Fremde in uns, das uns die Angst macht, weil wir nicht wissen, was es in uns auslöst.

Und auf Fremdes reagiert man oft falsch und vielleicht habe ich das auch getan.

Aber wie sollte ich wissen, dass es eigentlich ein gutes Gefühl war, wenn ich so etwas nicht kannte? Man ist nur mit seinen bereits gefühlten Gefühlen vertraut und man weiß, wie die Reaktion von uns darauf ist.

Wir wissen um unsere Reaktion und können der Reaktion entgegenwirken.

Aber bei nichtgefühlten Gefühlen?

Eine schwierige Angelegenheit. Es fühlt sich in deinem Inneren an wie ein Kampf: Gut gegen Böse. Was die Frage aufwirft: Wer bist du?

Denn wenn Gut gegen Böse kämpft, gibt es leider immer einen Verlierer.

Der, der den Sieg davon trägt?

Spiegelt er dein Inneres wieder?

Oder ist es nur dein selbstgewähltes Ich, hinter dem du dich zu schützen versuchst?

Ich habe ständige Kämpfe ausgetragen, von denen keiner etwas wusste.

Die ich oftmals selbst nicht verstand. Wie hätte Malina sie verstehen sollen? Also hielt ich sie verschlossen.

Uneindringlich verschlossen, im Inneren meines zerbrochenen Kerns.

Ich war einen kurzen Augenblick nicht aufmerksam und Malina ist zu mir vorgedrungen. Sie hat eine Stelle berührt, von der ich dachte, ich hätte sie nicht mehr.

Sie ist so ein liebenswerter Mensch, der es nicht verdient hat, Schmerz zu empfinden.

Ich wollte sie davor schützen, doch leider konnte ich mein Versprechen nicht einhalten. Das ist ein Grund, warum dieser Schmerz nun existiert, und ich kann ihn leider nicht mehr rückgängig machen, denn ich werde nicht mehr da sein.

Ob es mir leidtun wird?

Diese Frage kann ich bis jetzt noch nicht beantworten. Reden wir später wieder darüber. Es gibt Dinge, die wir nicht in unserem Leben haben wollen, und doch ist es dann so, dass wir nicht mehr ohne sie können.

Ich war es lange Zeit gewohnt, alleine für mich in meiner eigenen Welt zu leben.

Wenn wir uns eine eigene Welt erschaffen, dann nur, weil wir mit der wirklichen Welt nicht klarkommen.

Haben Sie sich das mal durch den Kopf gehen lassen, wie schwierig es ist, mit den ganzen Eindrücken klarzukommen?
Es prescht so vieles auf unser Gemüt, dass wir Schwierigkeiten haben, das Richtige zu kanalisieren oder überhaupt etwas zu tun.

Es wird von uns verlangt, dass wir damit zurechtkommen und wir werden nicht weiter gefragt. Wie es uns geht? Wie wir es empfinden oder wie wir es schaffen.

Darin liegt jeweils auch ein großer Fehler in der Welt.

Ich möchte die Menschheit nicht über einen Kamm scheren oder jeden Einzelnen verurteilen. Aber wie soll ich damit umgehen, wenn die Menschheit es mir so antut. Sie haben über mich geurteilt, bevor ich überhaupt eine Möglichkeit hatte, selbst darüber zu urteilen. Wobei urteilen sehr negativ behaftet ist.

Wenn man jemanden verurteilt, ist die Anklage schon längst überfällig.

Derjenige hat in diesem Sinn keine Chance mehr, etwas anderes hervorzubringen.

Die Menschen sind dann so engstirnig auf ihrem Weg eingefahren, dass eine neue Abzweigung nur schwer zu nehmen ist. So etwas erfüllt mich mit tiefem Schmerz.

Einen großen Schmerz auf die blinde Menschheit, die so vieles zulässt, ohne sich je Gedanken darüber zu machen.

Lassen Sie sich das mal durch den Kopf gehen. So werden Sie in geringstem Ansatz das Chaos in meinem Kopf verstehen, welches ich habe.

Lassen wir uns einen kurzen Cut machen und ich gehe weiter zu Malina.

Malina hat stets versucht, das Beste in mir zu sehen, und ich versuche zu verstehen, wie sie das konnte. Aber sie hat es einfach getan.

Ich denke, darin liegt auch die Einfachheit unserer Freundschaft. Sie war perfekt.

Noch nie traf ich einen Menschen, der sich durch keine äußeren Einflüsse hat lenken lassen.

So wie es leider viele machen. Menschen, die mit der Herde gehen, um, ja, nicht alleine dazustehen.

Aber Malina und ich, wir waren anders. Sie sagte oft zu mir, wie schwer es sei, jemanden zu finden, der deinem Empfinden ähnlich ist.

Wenn man ständig auf der Suche ist, finde ich, kann das eigentliche Finden erschwert sein.

Wir laufen so mit offenen Augen durch die Straßen und schauen nach vielen Anzeichen, in der Hoffnung, dass das Suchen endlich ein Ende hat. Denn eigentlich sind wir die ewige Sucherei leid. Sie stören unseren Fluss und macht uns blind. Wenn wir rastlos umhergehen, was wir zu Anfang, beim Beginn unserer Suche machen.

Denn wir manifestieren unseren Fokus darauf, dass die Suche unser Leben nicht zu stark beeinflusst.

Denn die Wenigsten möchten durch das Finden eine Veränderung hervorrufen.

Doch dadurch wiederum kommt unsere Seele, finde ich, aus dem Gleichgewicht.

Es ist ein ermüdendes Gefühl zu wissen, dass wir nicht an unser Ziel gelangen wollen. Doch warum?

Ist es die Angst davor, sich überflüssig zu fühlen?

Oder gar enttäuschend, wenn das Ziel nicht unseren Erwartungen entspricht?

Doch wer bestimmt, wie unsere Erwartungen auszusehen haben?

Ich habe versucht, keine Erwartungen in etwas zu setzen, so war ich geschützt vor bestehenden Enttäuschungen. Selbst wenn ich mein Ziel in einer gewissen Form nicht erreichte.

Es sind immer wieder unser Kopf und unsere Gedanken, die bestimmen, wie wir mit der Situation umgehen.

Selbst wenn wir kurz davor stünden, unser Ziel zu erreichen, ist es unser Kopf, der in uns einen Trugschluss aufkommen lässt. In diesem Augenblick hat unser Herz keine Aufgabe dafür, weil unsere Gedanken einfach zu impulsiv die zarten Schläge des Herzens übertönen.

So kann es passieren, dass wir kurz vor dem Ziel denken, wir wären noch auf einer Straße der Ewigkeit.

Die Ewigkeit ist bei der Suche nach dem Ziel unaufhaltbar. In einer endlosen Schleife, mit dem Gefühl, wir erleben das Ziel niemals in unserem Leben.

Dann nach Jahren unserer Wanderung beginnen wir müde zu werden, was ich in meinen noch relativ jungen Jahren bereits war. Müde von der Suche in der Ewigkeit, bei der ich nie mein Ziel fand.

In vielen Situationen.

Das mag sich komisch anhören, aber unsere Welt ist auch völlig anders und nicht gleichbleibend. Deshalb sind wir von dem Wandel ermüdet. Von der Andersartigkeit und allem, was wir nicht filtern können. Eine Flucht, zu glauben, wir hätten unser Ziel erreicht, stellt uns nur vor das leere, seelenlose Ich unseres Seins.

Genau wie Malina der Auffassung ist, ich hätte mich in der Täuschung meines eigenen Spiegels verloren. Das sagte sie zu mir.

Was ihr aber nicht bekannt war, ich habe den Spiegel meines Inneren abgelegt. Ich habe ihn verloren, auf dem Weg, mich selbst zu finden. Oder wie immer man es nennen mag. Findet man sich wirklich? Wenn ja, wo denn genau? Habe ich auf meinem langen Weg meiner eigenen Täuschung geglaubt?

War dies vielleicht auch ein Grund, warum ich nichts sah?

Blind, so wie die Menschheit in vielerlei Hinsicht, neben Malina schritt?

Durch meine eigene Maskerade mich selbst täuschte?

Das denke ich nicht, denn bei Malina war ich in unbewussten Momenten so, wie ich wohl aus den kleinen Partikeln des Seins zur Vollkommenheit hätte reifen sollen. Vollkommenheit.

Gibt es so etwas? Vollkommenheit heißt für mich, dem ist nichts mehr hinzuzufügen.

Aber wenn wir nichts mehr, irgendwo, sei es zu uns selbst oder unserem Gegenüber, hinzufügen, weil wir glauben, es ist vollkommen, wie sollen wir dann weiter machen?

Mit was sollen wir dann weiter machen? Vollkommenheit gleicht einem Stillstand.

Wir wissen alle, dass ein Stillstand nicht gut für das Fließen unserer Seele ist.

Wir verebben auf der tosenden See und verlernen, uns dem entgegenzustemmen.

Was jedoch genau bei vielen Menschen so ist. Was ihnen unbewusst passiert. Doch anstatt darüber zu sprechen, dass sie ihr Ziel aus den Augen verloren haben, sie auf der tosenden See keinen Halt mehr finden, siechen viele von ihnen ihrem tristen Dasein entgegen.

Vielleicht hätte ich letztlich mehr tun können. Ich hätte mehr versuchen sollen. Nicht in dem Glauben, gefangen zu sein.

Ich wäre an meinem Ziel angekommen und ich hätte somit keinen anderen Ausweg haben können. Wenn ich nun darüber nachdenke, weiß ich, dass mein Ausweg hätte ein anderer sein können. Aber da war die Blindheit in meinem Herzen wohl stärker. Leider.

Ach Malina, ich wollte dir dies nicht antun. Wir wollten uns zusammen wie eine Streitmacht jeglichen Gefahren stellen.

Doch mein Irrweg führte mich hinters Licht. Wissen Sie, wie es hinter dem Licht aussieht?

Wie es dort ist? Fern von jeglicher Helligkeit?

Ich versuche, es Ihnen zu erklären.

In dem Licht sehen wir alles in hellem Glanz. Wir nehmen das Schöne und das Leichte in uns wahr. Wir sehen nur schöne, unbefleckte Dinge in und um uns herum.

In aller Pracht und Schönheit. Nichts, was verwerflich wäre. Denn es gibt sie ja wirklich, die Sonnenseiten des Lebens.

Doch zu welchem Preis sind wir bereit, nur auf das Licht zu achten?

Für mich fühlte sich das Licht auch befreiend an. Man war ohne jegliche Sorge. Im Heute, im Morgen und im Gestern.

Doch was, wenn dieser Glanz plötzlich einen Riss bekommt?

Die Fassade in uns anfängt zu bröckeln und wir das Licht immer und immer mehr hinter uns lassen. Wir uns unserem inneren Kern nähern, von dem wir dachten, nichts könne ihn je zunichtemachen.

In dieser unbeachteten Sorglosigkeit liegt ein weiterer Systemfehler. Sei es in uns, oder gar in wenigen Menschen der Menschheit.

Sorglosigkeit lässt uns auch unachtsam werden. Wussten Sie das?

Ich finde, wenn wir zu lange sorglos durch das Leben ziehen, auch dann werden wir blind. Für die Gefahren, die auf uns lauern.

Wir sind geblendet von dem Licht in uns, was nichts Verwerfliches ist.

Doch so sind wir leider auch für den Schritt hinter das Licht geblendet. Wir nehmen nicht mehr wahr, wann wir die Grenze zur Dunkelheit überschritten haben.

Wann unser Kern des Lebens begonnen hat, den Glanz der Sorglosigkeit zu verlieren.

Ich kann Ihnen sagen, welches Gefühl in dir aufkommt, wenn der Glanz, das Licht von den Schatten und der Dunkelheit zu zerbrechen droht.

Es kommt auf die Situation an, welches dich mit voller Wucht aus dem fließenden Leben wirft. Es ist eine Kälte, die sich in dich hineinbohrt, auf welche dich das Leben in keiner Weise vorbereitet hat.

Es ist ein großes Loch, welches dich in die Dunkelheit der Ewigkeit wirft, wo du an den glatten Wänden jedoch keinen Halt findest.

Bei dem ersten Aufprall in der Dunkelheit spürt man den Bruch nicht gleich.

Es dauert eine gewisse Zeit, bis du registrierst, dass du die Dunkelheit in dich hineingelassen hast.

Ich kann es gar nicht genau ausdrücken, wie ich mich dabei fühlte. Das sind aber die kleinen Momente im Leben, die es dir schwer machen. Wenn wir nicht gelernt haben, mit Konflikten umzugehen, ist es schwer.

Man hat dann diesen Schmerz überall in seinem Körper und man wünscht sich, es würde endlich aufhören.

Doch wie, wenn man es nicht gelernt hat? Sagen Sie mir, wie ich es hätte machen sollen. Wie?

Wenn man bei jeder Kleinigkeit die Schmerzen des Lebens in sich verspürt.

Malina hat den Schmerz für kurze Zeit verblassen lassen. Dann habe ich den Bruch in mir nicht wahrgenommen. Habe ihn verdrängt und mich anders gefühlt.

Zwar in einem ungewohnten Gefühl, aber es hat mich leben lassen. Sie ist einfach wie der Nebel, der sich nachts schützend auf die Erde legt.

Die aufkommende Kälte, von der man ausgeht, dass sie sich auf dein Gemüt legt, dieses Empfinden kam nicht in mir auf.

Auch wenn ich vielleicht vieles in der negativen Sichtweise interpretiert habe, bei Malina kam sie in mir nicht auf. Dieses schwarze Loch der Dunkelheit, ich vergaß es bei ihr.

Wenn wir uns trafen und sie mit ihrer fröhlichen Art versuchte, mich zum Lachen zu bringen, und ich es gekonnt versuchte, nicht zu tun.

Mich nicht von dem Betrug der Sorglosigkeit überwältigen ließ. Doch Malina hatte einfach diese Leichtigkeit an sich.

Eine Freiheit, die schon fast der eines Kindes glich.

Aber wir waren keine Kinder mehr.

Leider.

Wobei es, denke ich, an der Ausgangssituation nichts geändert hätte. Denke ich.

Denn dafür war mein Gefühl des Lebens zu sehr zerbrochen. Doch Malina schaffte es wirklich, mich aus der Dunkelheit zu holen.

Wie zum Beispiel in den warmen Sonnennächten, die wir oft zusammen verbrachten. Ohne jeglichen Einfluss von außen. Federleicht auf der Wiese lagen und unser Sein einfach genossen.

So wie man das Leben genießen sollte. Na, was denken Sie, wenn Sie diese Zeilen lesen?

Sie merken nur einen Bruchteil der Dunkelheit in mir. Weil wir Menschen oft nicht die Möglichkeit haben, unseren Gefühlen freien Lauf zu lassen. Oder wir die Gefühle in uns nicht verstehen.

Doch bevor wir beginnen, darüber nachzudenken, scheitern wir lieber vor der Aufgabe. Weil wir das Ziel lieber nicht erreichen möchten.

Sehen Sie dieses Ungleichgewicht?

Davon existierten viele in meinem Kopf. So wie mit dem Glanz und der Dunkelheit. Wir entscheiden selbst, welcher Seite wir uns anschließen.

Auch wenn der Einfluss von außen ein völlig anderer ist. Wir haben mit der Zeit gelernt, mit dem Einfluss umzugehen. Doch ob es der Richtige ist, kann dir keiner beantworten. Ein weiteres Puzzle der Schmerzen meiner Seele.

Wie viele Puzzleteile ich habe?

Würde es eine Rolle spielen, es gewusst zu haben?

Es würde meine Entscheidung nicht ändern. Teile eines Puzzles sind immer so konzipiert, dass sie nahtlos ineinander passen.

Sie Stück für Stück ein Bild ergeben, welches wir gerne vor unseren Augen sehen möchten. Die ausgestanzten Einzelteile tragen viele verschiedene Ebenen am Ende ihres Stückes und es ist so gedacht, dass es nur in einer Richtung zueinanderpasst.

Man hat nicht die Möglichkeit, wenn wir mit dem Stück nicht auskommen, es zu wechseln. So wie wir im Leben die Möglichkeit haben, uns den Änderungen anzupassen, und einen anderen Weg einzuschlagen.

Das Leben hat eine eigene Aufgabe für dich und legt dir deine Puzzleteile bereits zurecht.

Wir wissen nicht, wie groß oder welche Form dieses Stück hat, doch wir müssen versuchen, es in der passenden Sequenz einzufügen.

Es sind die Stücke des Schicksals, die dich zeichnen lassen und die dir das Gefühl für das Leben geben.

Wir können es uns wie ein Schachbrett vorstellen, bei der die Anordnung logisch harmonisch durchdacht ist.

Es gibt keine andere Reihenfolge und man kann sich darauf verlassen, dass sich nie eine andere Farbe plötzlich auf dem Spielfeld einmischt. Doch das Puzzle ist anderes.

Was, wenn wir plötzlich ein Teil bekommen, welches nicht in die vorhergesehene Aussparung passt?

Ausweichen können wir nicht, wenn es gilt, das Bild in seiner Gänzlichkeit fertig zu kreieren. Doch wenn uns das Schicksal trifft, dann ändert sich deine Passform und das Bild beginnt, seine Form zu ändern.

Das Problem daran ist lediglich, dass wir diese neue Passform in die alte Sequenz einfügen müssen. Ob wir es wollen oder nicht.

Das Neue muss dem Alten einfügt werden. Sehen Sie schon das Problem an der Sache?

So ist es auch mit der Liebe. Die Liebe ist unergründlich und sie fragt dich zu keiner Zeit, ob du jetzt oder erst später die Gefühle haben möchtest. Ob es gerade in deine Passform deines Puzzles passt oder es noch damit warten soll.

Mich traf dieses Gefühl wie ein Stein am Kopf. Mit voller Wucht riss es mich von den Beinen.

Ich verlor wieder die Kontrolle über mein Leben und mich selbst, ein Gefühl, welches ich nicht ertragen mochte.

Doch die Liebe hat mich nicht gefragt.

Sie hat sich nicht abends neben mich aufs Bett gesetzt und leise geflüstert:

»Jaden, ich habe hier etwas Liebe in der Hand von einer Person, die mit deiner Seele zurechtkommt.«

Nein.

Plötzlich begann mein Kopf wie gesagt einfach zu schmerzen. Von den Gefühlen, die für mich unbekannt waren.

Nicht dass ich noch nie eine Freundin gehabt hätte, aber diese Intensität. Diese war völlig fremd für mich. Es bereitete mir Schwindel und, ja, wirklich Kopfschmerzen.

An einem ganz normalen Abend, den man mit Freunden verbringt.

Malina, sie ist doch einfach nur meine beste Freundin. So hat es sich entwickelt. Nicht mehr und nicht weniger.

Denn ich wollte hinter meiner Maske, meinen Gefühlen und allem bleiben, was mich auf der sicheren Seite abschirmte.

Doch diese Fassade begann zu bröckeln.

Ganz langsam. Stück für Stück. Jedes Mal, wenn Malina mich traf, wenn wir uns verabredet haben oder sie einfach meine kleine Malina war. Diese süße Kleine, die ich vor dem Schrecken dieser Welt beschützen wollte und nicht die Fähigkeit hatte.

Denn wenn wir das Gefühl haben, etwas sei zerbrechlich, dann möchten wir es am liebsten in Watte packen.

Es ganz nah an unserem Körper tragen, damit wir wissen, es kann so nichts mehr geschehen. Doch wenn ich darüber nachdenke, wie oft sie an den egoistischen Angebereien irgendwelcher anderer Jungs angeeckt ist, und so jeweils ein kleines Stück von ihr einen Riss bekam.

Wie unverantwortlich von ihnen, so mit Malina zu spielen. So ein kostbarer Schatz, mit dem man überhaupt nicht spielen sollte. Schon gar nicht mit Gefühlen oder ihrer Gutherzigkeit.

Meine kleine Malina.

Doch wie sollte ich sie lieben, wenn ich selbst nicht wusste, was Liebe genau bedeutet?

Denn Liebe kann man in keinem Wort erklären.

Es gibt viele Wörter, dessen Bedeutung man kennt, jedoch ihre Art und Weise man nicht erklären kann. Ich verstehe zum Beispiel nicht das Wort *Sinn*.

Was ist der Sinn?

Nicht in Bezug auf das Leben und den Sinn der Welt, warum wir Menschen überhaupt existieren.

Was ist der Sinn von uns selbst. In welchem Bezug stehe ich zu allem und warum?

Was war der Sinn, weshalb ich dieses Gefühlschaos in meinem Kopf hatte?

Auf diese Frage wird mir keiner eine Antwort geben können. Denn solche Fragen sind weder mit dem Herzen noch mit dem Kopf zu beantworten. Doch in welcher Konstellation stehen sie zu meinem Leben?

Solch ein Chaos programmiert dein Leben nur neu und wir müssen wieder versuchen, es zu meistern.

Ich frage mich, warum es nicht einfach so weiter läuft und warum wir in allem einen Sinn sehen müssen.

Es sind nur Antworten auf etwas, damit wir unserem Gegenüber eine Erklärung geben können. Doch welchen Sinn hat das genau?

Verstehen Sie, wie verzwickt das Ganze ist?

Und so fragte ich mich, was der Sinn in meinem Leben war es so weiterzuführen. Es generell weiterzuführen.

Wenn man wie ich als Waisenkind in verschiedenen Familien aufwuchs und dir die erdenden Wurzeln von Mutter Erde fehlen, fragt man sich diesen Satz oft.

Es hat in keiner Weise etwas damit zu tun, dass du nicht weißt, wohin du gehörst.

Denn ich finde, jeder Mensch hat das Recht, dorthin zu gehen, wohin er möchte.

Ob das Alter eine Rolle spielt?

Lassen wir uns das Mal erörtern. Wir in der Zivilisation würden behaupten, dass nicht jedes Alter alleine zurechtkäme. Es nicht wüsste, ob sein Handeln richtig oder falsch sei. Doch schauen wir zu den Urstämmen der Menschheit, dort würden sie unsere Sorgen nicht verstehen, denn sie werden in jüngstem Alter darauf vorbereitet, auf sich alleine gestellt zu sein.

Somit habe ich die Auffassung, wir hier in der Zivilisation werden zu verweichlicht erzogen. Werden blind gemacht für unsere Außenwelt und haben bei der schnellsten, kleinsten Veränderung das Gefühl, wir würden als Fisch auf dem Trockenen verenden. Darin liegt ein großer Unterschied. Wo fängt die Andersartigkeit an und wo hört sie auf?

Wer entscheidet überhaupt, ob wir anders sind? Was richtig und was falsch ist?

Wer ist der tragende Kopf zu diesem Ganzen?

Unsere eigenen Gedanken schreiben uns das vor, was uns somit die Erkenntnis bringt, wir haben in gewisser Weise unsere Freiheit verloren und sie aufgeopfert.

Finden Sie nicht?

Der Gedanke daran, nach diesem Sinn, lässt einen schnell den Boden unter den Füßen verlieren und wir beginnen wieder zu taumeln. Versuchen uns bei diesem Kontrollverlust an dieses schwingende Pendel zu klammern in der Hoffnung, Halt zu finden. Halt zu finden für was?

Für die schwirrenden Gedanken in unserem Kopf oder das Zittern in unseren Herzen, die eine Unregelmäßigkeit wahrnehmen. Ist es, weil wir zu allem eine Antwort und einen Sinn benötigen?

Wenn wir anfangen, alles bis ins kleine Detail zu zerlegen, werden wir nie anfangen, damit aufzuhören. Wissen Sie, wie ich das meine?

Wir sind wieder ständig damit beschäftigt, zu suchen und zu finden. Anstatt einfach an der Stelle zu stehen und zu warten. Schauen, was passiert, ohne uns ständig Antworten auf dieses Warum und dieses Weshalb geben zu wollen.

Wir können in unserer Gesellschaft nicht mehr anders. Wir sind frühzeitig dazu programmiert worden, für gewisse Bereiche unsere Sensoren auszuschalten. Oder sie wurden uns bewusst nicht gezeigt.

Das sind vielleicht Spekulationen, doch auch solche Szenarien rufen ein Chaos in unsren Köpfen hervor, wenn wir genauer darüber nachdenken.

Ich war irgendwann an dem Punkt angelangt, der mir verinnerlichte, dass ich mit mir und dieser Welt abschließen muss. Eine innere Rebellion meines Geistes, der mir sagte, es gebe nicht nur diese Ebene des Sinnes in uns. Es mag sich wie Science-Fiction anhören. Doch habe ich auch das Gefühl, der ganze Sinn befindet sich in einem Glas mit vielen verschiedenen Partikeln darin. Wir dieses Glas nur erreichen, wenn wir loslassen.

Eine verrückte Idee von mir, oder?

War ich also ein Spinner, der wegen der Einsamkeit ohne Familie der Verwirrung zum Opfer fiel?

Ich denke nicht, dass es damit etwas zu tun hatte. Wir Menschen sind schon so konzipiert, dass wir auch ein einsames Leben führen können. Wir nur lernen müssen, damit umzugehen.

Wenn man, so wie ich, alleine geboren wird, man lediglich Menschen um sich herum hat, die versuchen einen in eine gewisse Form zu pressen. Die schupsen einen somit in eine Richtung, von der man Abstand haben möchte.

Die einem nicht gefällt und die anfängt, an dir zu zehren. Wenn man beginnt, nicht mehr in diese Form gepresst werden zu wollen, dann rüttelt dieses System an deinem Ganzen.

Und du stellst dir, so wie ich, in bereits jungen Jahren die Frage: Möchte ich mein ganzes Leben in diesem Gerüttel weiter nach vorne gehen? Möchte ich weiter Formungen und Versuche erdulden, die es mir ohne Krampfaufwand nicht ermöglichen, ich selbst zu sein?

Mag sein, dass mein Wesen ein sensibles Wesen für das System Menschheit war, doch dieses Sensible war in keiner Weise eine weitere Option für mich.

Ein weiterer Punkt, der dafür spricht, dieses System zu verlassen. Aber in aller Stille. Ohne die Gefahr, dabei erwischt zu werden. Wie gerne hätte ich dich gewarnt, Malina.

Doch leider konnte ich es nicht tun. Ich hoffe, sie versteht es. Irgendwann, wenn sie den Sinn dessen begreift.

Denn wir Menschen sind nicht alle gleich und es wird ihr viele Fragen aufwerfen, warum ich so dachte. Doch die Erklärung darauf ist komplexer als vermutet, und so kann ich nur Bruchstücke ausdrücken.

Bruchstücke auf dem endlosen Weg durch das Labyrinth des Sinnes. Alles ist verstrickt und miteinander verknotet. Wir haben nicht immer die Möglichkeit, die Wege wirklich anders zu gehen.

Welch Ironie.

All diese vielen Gedanken haben mich verschwinden lassen. Stück für Stück löste sich mein Kern auf und ich war darauf vorbereitet. Jedoch nicht, Malina mit Kummer hier zurückzulassen.

Diese Frage wird nicht mehr relevant sein. Denn ich tauche ab in das Glas der unendlichen Partikel und hoffe, dort andere Antworten zu finden. Ziemlich komplex oder?

Also entschloss ich mich, in jener Nacht dem Ganzen ein Ende zu setzten. Endgültig.

Ob es vielleicht eine Kurzschlussreaktion war? Ob man es hätte verhindern können? Ich denke nicht, dass man mich davon hätte abhalten können. Viele Fragen, die Sie wohl versuchen zu beantworten, während Sie hier meine Zeilen lesen. Nicht wahr?

Aber wenn Sie kurz darüber nachdenken, gibt es andere Jugendliche, die genauso denken wie ich, und Sie sitzen hier und machen sich nur Gedanken um dieses:

Warum hat Jaden das getan?

Sie versuchen, auf eine logische Antwort zu kommen. Denn eine Antwort ist oftmals dafür da, dem Ganzen drum herum einen Sinn zu geben.

Man grübelt eine längere Zeit darüber, bis vielleicht der Kopf zu schmerzen beginnt.

Doch haben wir danach eine Antwort auf die Frage? Oftmals nicht.

Es kann dann auch passieren, dass wir wieder fehlgeleitet werden und die Antwort nicht dem entspricht, worauf wir die Frage gestellt haben. Doch die Menschheit war schon immer darauf bedacht, Antworten zu finden.

Also machen sie sich auch auf die Suche nach meiner Antwort. Nicht wahr, Herr Doktor?

Sie möchten auch die Antwort finden, um Malina in ihrem Gewissen zu beruhigen.

Doch was, wenn das Gewissen sich mit der Antwort nicht beruhigen lässt?

Dann hat Ihr System wieder einen Fehler und schon sind wir wieder in dem Gewirr aus Gedankenstrukturen, aus dem es keinen Ausweg gibt. Wir immer und immer wieder in dem Strudel sind und nicht mehr heraus kommen.

Es gibt viele Geschehnisse, die immer wiederkehrend sind. Betrachten wir uns zum Beispiel die Sonne und den Mond. Beide sind voneinander abhängig und doch gehören sie zusammen.

Der Mond liegt zig tausende Kilometer von uns entfernt und doch sehen wir ihn jeden Abend über dem Horizont aufgehen.

Jeden Abend aufs Neue.

Es ist völlig egal, was auf der Erde geschehen ist, oder ob wir dem Beachtung schenken. Es kehrt immer wieder zu uns.

Es gibt unserem Leben auf Erden einen Rhythmus und wir versuchen, mit diesem Rhythmus zu schwingen.

Jedoch können wir selbst bestimmen, wie sehr wir uns diesem anpassen.

Welchem ich mich angepasst habe?

Es war definitiv ein zu schneller und ich bin aus der Bahn geworfen worden.

Hatte ich mich an die Schwingungen des Mondes anpasst, musste ich mich gleich wieder der Sonne zuwenden und mich ihrer Wärme hingeben.

Es war ein stressiges Unterfangen, zu spüren, dass man sich nicht selbst bewegen kann.

Aber Malina war die Stille, die ich brauchte in diesem hektischen Auf und Ab. Was auch etwas Egoistisches an sich hatte, solche Gedanken zu hegen. Finden Sie nicht?

Mag sein, dass ich vieles zu intensiv in seine Einzelteile zerlegt habe, aber mein Kopf drohte mir sonst mit den ganzen Hintergrundfragen zu zerbrechen.

Da ich dem Rhythmus nicht wirklich gerecht wurde, war meine Angst größer, Malina damit zu schaden, anstatt dass ich es einfach gemacht habe. War ich auf der Sonnenseite, habe mit Malina die Wärme gespürt, war mein nächster Gedanke schon bei dem Mond.

Ich hatte große Sorge, dass ich es zu spät schaffe, die Mondseite zu erreichen und Malina nicht genug darauf vorbereitet hatte.

Anstatt dass wir einfach zusammen den Schwung der Sonne und des Mondes hinnahmen und uns ohne Weiteres gegenseitig folgten.

Es wäre alles ein so einfaches Spiel gewesen. Doch es gibt viele, die spielen die Regeln einfach mit, ohne näher darauf einzugehen.

Dann gibt es welche, die Fragen nach den Regeln, lassen sich diese erklären und spielen dann weiter.

Ich war jedoch jemand, der sich fragte: Warum bekommt man überhaupt Regeln aufgestellt und muss dem folgen?

Es ist doch nicht gerecht dem freien Geist gegenüber.

Wenn wir versuchen, ihn in eine Form zu pressen, in der er überhaupt kein Zuhause hat. Es ist ein inneres Gefängnis, das nach Jahren des Irrglaubens anfängt, dich von innen zu vergiften. Es breitet sich langsam in deinem freien Gedankengut aus und lässt dich deinen Geist in dieser Gefangenschaft spüren, jedoch spürst du es nicht als solches.

Es beginnt sich nach einer gewissen Zeit normal anzufühlen und deine Fragen werden immer leiser. Ohne dass wir es wirklich merken und es auch begreifen, was mit uns geschieht.

Dann, wenn wir es verstehen, hat uns das System bereits fest im Griff und beginnt uns zu manipulieren.

Ein seltsamer Gedanke?

Mag sein.

Aber ich habe solche rhythmischen Veränderungen immer frühzeitig gespürt und es hat mir meine Seele aus dem Körper gerissen. Stück für Stück.

Wenn ich spürte, ich kann diesem Ganzen nicht entgegenwirken. Ein unerträglicher Schmerz, den ich über mich ergehen lassen musste.

Man prallt dabei gegen den Sonnen- und Mondrhythmus und deine Energie löst sich bei dem Kampf Stück für Stück weiter auf.

Doch wenn ich Malina sah, bekam ich ein kleines Stück meiner Energie zurück. Allein mit ihrem zauberhaften Lächeln.

Können Sie ihr ausrichten, sie soll nun ihr Lächeln nicht verlieren?

Es würde ein Stück verloren gehen, wenn es nun verschwindet. Doch es ist nun wieder ein egoistisches Verhalten von mir, das von ihr zu verlangen.

Von mir.

Der, der mit dem System nicht im Geringsten klargekommen ist und sich davongeschlichen hat. Vielleicht bin ich doch nicht so weit gegangen, wie sie alle glauben, dass ich es sei.

Was es genau heißen soll?

Lassen wir diese Frage genauso wie die andere mal offen im Raum stehen.

Sie dürfen sich gerne weitere Notizen für Ihr Verständnis machen, aber ich denke, Sie werden diese *Antwort* nicht so bekommen, wie Sie sich diese erhoffen.

Vorerst auf keinen Fall.

Denn ich finde, Sie müssen anfangen, das Ganze viel komplexer zu sehen, um verstehen zu können.

Denn manchmal sind Worte nicht das, was sie auszudrücken versuchen, und drücken nur die Hälfte von dem aus, was sie wirklich ausdrücken sollen. Da sind wir wieder bei dem Rhythmus, der aus dem Gleichgewicht gebracht wurde, und den Sie versuchen, wieder in eine richtige Richtung zu bringen.

Doch die Akzeptanz, ob man das auch möchte oder nicht, ist oftmals für das Gegenüber schwer zu verstehen.

Auch dann, wenn der Rhythmus von Sonne und Mond ein völlig anderer ist. Sein und Lassen ist für viele ein Konstrukt, das vollkommen undurchsichtig ist, und sie wieder wie oftmals im Leben blind durch den Nebel schreiten und Angst vor dem Unbekannten bekommen. Weil sie nicht genau auf solch eine Situation vorbereitet wurden. Jedoch gibt es nicht die perfekte Vorbereitung. Wir müssen wieder lernen, Sein und Lassen in unserem Geiste zu manifestieren und geschehen zu lassen.

Einfach mit dem Rhythmus gehen.

Egal, woher der Rhythmus kommt, wohin er uns bringen möchte und wie wir ihn spüren.

Es liegt alles tief in uns selbst und wir müssen es wieder zum Vorschein bringen. Die verlorenen Teile unseres Seins.

Auch das hatte Malina alles in mir geschafft. Durch sie spürte ich Dinge, die ich verloren geglaubt habe.

Doch ich hatte so lange gebraucht, sie zu verlieren, dass ich umso erschrockener war, wie schnell sie wieder bei mir waren.

Die verbannten Teile meiner Seele, die ich nicht mehr spüren wollte. Das Chaos, das wieder anfing und ich nicht wusste, wie.

Die Erde zum Beispiel dreht sich dann ein kleines Stück langsamer und wir geraten ins Stocken. Wissen Sie noch?

Jedes Mal, wenn Malina und ich uns trafen, war die Welt völlig anders, auch wenn ich versuchte, es nicht wahrzuhaben. Zu blind, um das Gesehene wahrhaben zu wollen.

Wieder und immer wieder in dem Gefängnis seiner Selbst zu sein und es nicht sehen zu wollen.

Den Wind nicht spüren zu wollen oder die zarte Berührung ihrer Haut nicht spüren zu wollen.

Der Wille kommt von einem Weg, einem Weg, den ich nicht mit Malina gehen wollte.

Egal wie sehr mein Herz danach schrie.

Egal wie sehr mein Verstand mir die Augen davor verschloss, um es nicht zu sehen.

Es waren die kleinen, kurzen Momente, die mich von dem Biest, das diesen Systemfehler in sich trug, zu einer Schönheit machte, die all diese Fehler akzeptierte. Akzeptierte in meinen Träumen.

So verschloss ich es vor der Realität.

All meine gutgemeinten Gefühle für sie. Ich wollte ihr folgen. Ich wollte sie frei neben mir sehen, doch die Schatten trugen mich bereits zu lange in ihrem Bann, als dass ich ohne große Umbrüche daraus hätte fliehen können.

Doch ich werde jede einzelne Erinnerung stets bei mir tragen.

Egal wohin mich mein Weg danach führen wird. Ich muss mir eingestehen, sie hat es doch auf eine gewisse Weise geschafft.

Sie hat es geschafft, dass ich sie als Einzige in meinem Herzen behalten werde.

Ich werde sie auf die lange Reise mitnehmen. So wie ich es immer tat.

Sie es aber nicht wirklich mitbekam.

Wenn wir zusammen auf der Mauer saßen und uns völlig normal unterhielten. Für viele Menschen ein völlig normales Verhalten zwischen Jugendlichen.

Doch ich war nie wie andere, und so war auch diese Situation nicht wie bei anderen. Ich kann von mir selbst sagen, unser Zusammensein war stets harmonisch.

Doch ich habe dieses Kapitel bereits zu Ende geschrieben und so war es für mich schwierig, die bereits geschriebenen Zeilen neu zu schreiben. Genauso erging es mir an diesem besagten Abend. Der Ablauf war bereits vorbereitet, selbst wenn ich wusste, wir können uns nicht auf Situationen vorbereiten.

Nur in winzig kleinen Bruchstücken. Denn wenn der Rhythmus ein anderer wird, müssen wir schnell reagieren können. Doch ich war zu langsam.

Ich habe das Pendel nicht erreichen können und war blind in vielerlei Hinsicht.

Weil ein Anderer es zum Wanken brachte.

Was nicht seine Schuld war, sondern weil ich nicht darauf vorbereitet war.

Weil ich davon ausging, dass es normal wäre, so wie es war. Mit einem Schlag ins Gesicht spürte ich, ich war nicht vorbereitet und es ist niemals etwas so, wie es sein soll.

Egal wie sehr wir versuchen, es als dieses anzusehen.

Es ist einfach das Leben, das versucht, dir eine Richtung anzugeben. Doch wenn man in einem solchen Labyrinth lebt wie ich, findet man manche Wege leider viel zu spät und handelt mit Konsequenzen, die einem nicht wirklich bewusst sind. Glauben Sie mir, ich habe es für einen Bruchteil wirklich versucht zu verhindern.

Ich denke mal, dass es auch ein Versuch war. Wobei es bei den Versuchen unterschiede gibt.

Es gibt die lauten Versuche, jene die andere auf sich aufmerksam machen. Bewusst. Und es gibt stille Versuche, jene, die nur diese eine Person deuten soll.

Leider war Malina nicht wirklich darauf vorbereitet und so versank mein Versuch in die Tiefen meines Herzens und wurde dunkel.

Es hätte niemand ändern können.

Weder das System noch mein Herz oder mein Verstand.

Wenn ein Fehler in der Programmierung vorliegt, kann es eine gewisse Zeit dauern, diesen Bug zu beheben. Egal wie erfahren man damit ist. Und wenn wir mehrere Bugs in unserem System haben, dann kann es zu einem Absturz kommen.

Ein Kurzschluss, der alles lahmlegt.

Ich denke, so wird es in meinem Kopf gewesen sein.
Eine Kettenreaktion auf etwas, was ich mir zu kurz betrachtet hatte.

Aber wir sind dann ferngesteuert, wenn sich etwas Neues in uns programmieren möchte.

Ich sah Malina mit diesem anderen Jungen und mein System bekam diesen Bug aufgespielt.

Es war eine heftige Reaktion für mich, mit der ich nicht umgehen konnte. Also überlegte ich leider nicht und verließ einfach die aufgespielte Festplatte.

Ich wollte sie so nicht sehen.

Glücklich.

Ohne dass ich es ihr bescherte.

Egoistisch. Ich weiß.

Doch ich habe auch gelernt, dass jeder für sein eigenes Glück zuständig ist.

Ich war in diesem Augenblick nicht glücklich und verließ die Situation, die das verursachte. Ich lief durch die bereits dunklen Straßen und hörte nichts als Stille und das Geschwirre in meinem Kopf. Die vielen Gedanken und Fragen, auf die ich keine Antwort wusste.

Ich blieb in diesem gesehenen Bild hängen und konnte mir kein anderes vor Augen rufen.

Trugbilder schwirrten mir vor dem geistigem Auge und trübten meine klare Sicht auf die gesamte Situation.

Es waren Phantombilder, die mich verfolgten. Die meinen Geist verwirrten und mich in die Irre führten.

Wenn ich es gemerkt hätte, wäre diese Tat nicht geschehen. Auch der Nebel lag dicht um mich herum und als die Nacht hereinbrach, trug diese zu meiner Stimmung bei.

Welch irreführende Falle.

Denn so kam es, dass mein einziger Lieblingsplatz zu einem Trauerfall wurde.

Wenn man es gewöhnt ist, seinen Platz alleine zu besuchen, und man ihn einem liebgewonnenen Menschen zeigt, doch dieser, wenn man ihn unbedingt bräuchte, nicht da ist, wird dieser Platz zu einem weinenden Ort. Er verliert jeglichen Glanz und unser Herz ist schwer.
So schwer, dass es uns aus der Brust in die Tiefe fällt.

Existieren wir, wenn wir kein Herz besitzen?

Ich kann Ihnen sagen, dass wir wie eine leere
Hülle da stehen und versuchen zu erklären,
welches Gefühl es in uns macht und was wir genau
jetzt vermissen.

Was es ist, das uns fehlt und wie es sich
anfühlte, als wir es noch hatten.

Also stand ich an diesem Abgrund mit meinem
Herzen in der Hand und traf Entscheidungen.
Entscheidungen, die mich betrugen und die über
mich richten sollten.

Denn wenn wir über uns selbst richten, besteht
nicht die Möglichkeit, dass andere Urteile fällen
könnten. Denn es war völlig egal.

Ich sah nicht, was wirklich zwischen Malina und
ihm geschah, und so richtete ich. Mit einem
Gefühl, welches vielleicht stimmte oder auch
nicht. Ich werde es wohl nicht mehr erfahren.
Mein Herz hatte ich bereits fallenlassen.
Es war in diesem Zustand ein Leichtes, es gehen

zu lassen. Dann musste ich versuchen, dieses Gefühl fallen zu lassen.

Der schwerste Part an dieser ganzen Geschichte.

Ich dachte, ich würde nur Malinas Gefühl fallen lassen, aber ich ließ unbewusst meins auch in die Tiefe stürzen. Man schließt dann die Augen und es ist nichts mehr da. Es ist weder schwarz noch weiß vor deinem inneren Auge.

Es ist weder hell noch dunkel, oder du kannst generell keinen Unterschied merken. Du hast das Gefühl, es ist etwas anders und kannst es aber nicht zuordnen. Dass es dir bekannt vorkommt, was nun geschehen ist, aber es auch etwas völlig Neues ist.

Man sieht die Asche über seinem Haupt zerbröseln und registriert nicht, dass wir es selbst sind, die beginnen, zu Staub zu zerfallen. Unsere ganze Existenz zerbröselt in nur einem Bruchteil von Sekunden und wir können diesem Kreislauf nicht entkommen.

Wie hätte ich diesem dann entgehen können?

Gar nicht. So leid es mir tut.

Es ist nur eine Frage der Zeit, wann wir selbst dem Ende entgegensehen.

Es trifft keinen eine Schuld.

Wenn wir frei entscheiden, dann müssen wir mit allen Konsequenzen diese Entscheidung tragen. Ich habe es wirklich durchdacht.

Natürlich auch damit, die Schmerzen selbst so gering wie möglich zu halten.

Meiner Selbst gegenüber.

Es wird nach dem Sprung ein Gefühl von ewiger Freiheit in mir hervorkommen und ich werde endlich fliegen. Ich fliege voller Erleichterung der Sonne entgegen und habe ihren Blick immer vor Augen. Dieses wunderbare Lächeln wird mir den letzten Schmerz erträglich machen, bevor die ewige Dunkelheit über mein Haupt kommen wird. Das Pendel des Lebens stillsteht und die Realität langsamer läuft. Ein leichtes Leben voller Schwere nun anders ist und ich nicht mehr bei ihr sein kann.

Ich habe lange überlegt, ob sie es doch hätte

ändern können, wenn sie etwas zu mir gesagt hätte an diesem Abend. Es hätte mir gezeigt, dass die Liebe wirklich existiert und die Dunkelheit hätte warten können. Mich die Ungewissheit, die mich über den Abgrund schickte, die Gewissheit hat fühlen lassen und ich mir sicher gewesen wäre:

Das Pendel des Lebens hält immer das Gute für mich bereit. Sternenerinnerungen, die in den Himmel geschrieben sind mit den Worten:

»Jaden, kannst du bitte wieder zurückkommen?«,
ich wäre noch hier auf Erden bei ihr.
Für immer.